HIC ET HEC

suivi de

LE RIDEAU LEVÉ

MIRABEAU

HIC ET HEC

suivi de

LE RIDEAU LEVÉ

Le Pré aux Clercs

Ouvrage publié sous la direction de
Dominique Leroy

ISBN : 2-84228-085-7
N° d'éditeur : 84

Préface

« *Allez dire à votre maître que nous sommes ici par la volonté du peuple et que nous n'en sortirons que par la force des baïonnettes.* » C'est par cette apostrophe adressée au marquis de Dreux-Brézé que Honoré-Gabriel Riqueti, comte de Mirabeau, alors député du Tiers État, se rendit célèbre le 23 juin 1789 à l'Assemblée nationale.

Homme politique et écrivain, orateur brillant, d'une intelligence remarquable, il participa à la rédaction de la *Déclaration des droits de l'homme et du citoyen* et œuvra à la libéralisation de la presse avec la création de sa gazette, le *Courrier de Provence*, dans laquelle il publiait le compte rendu des séances de l'Assemblée nationale. Interdite dès les premières livraisons, elle parut cependant jusqu'en septembre 1791. Ce grand tribun, d'une laideur fascinante, demeure un redoutable séducteur ; il eut une vie privée très chaotique qui sera en quelque sorte le prologue de son œuvre libertine.

Né le 9 mars 1749 au château de Bignon dans le Gâtinais (Loiret), il eut une adolescence orageuse, son père le détestait et le fit plusieurs fois emprisonner par lettres de cachet.

Incarcéré au château d'If, puis transféré au fort de Joux à Pontarlier en 1776, c'est là qu'il fit la connaissance de Sophie de Ruffay, l'épouse du sexagénaire marquis de Monnier, premier président à la Cour des comptes de Dole. Les amants s'enfuirent en Suisse et aux Pays-Bas, mais rattrapé par la fureur du mari outragé et la haine de son père, Mirabeau fut enfermé au donjon de Vincennes où il séjourna près de quatre ans, de mai 1777 à décembre 1780.

Les écrits de Mirabeau en prison pendant cette période furent politiques et pamphlétaires, il rédigea son *Essai sur les lettres de cachet et les prisons d'État* (publié en 1782 par Jean-Zacharie Malassis) ainsi que ses fameuses *Lettres à Sophie* (publiées en 1792), mais ils furent aussi libertins, il écrivit pendant son incarcération son premier texte érotique, *Ma conversion ou le libertin de qualité* paru en 1783 avec pour sous-titre *Confidences d'un prisonnier au château de Vincennes écrites par lui-même.* Il en cite un extrait dans sa lettre du 2 février 1780 à Sophie.

« *Ce que je ne t'envoie pas, c'est un roman tout à fait fou que je fais, et intitulé* Ma conversion. *Le premier alinéa te donnera une idée du sujet, et t'apprendra en même temps quelle fidélité je te prépare :*

— Jusqu'ici, mon ami, j'ai été un vaurien ; j'ai couru les beautés ; j'ai fait le difficile : à présent, la vertu rentre dans mon cœur ; je ne veux plus [foutre] que pour l'argent ; je vais m'afficher étalon juré des femmes sur le retour, et je leur apprendrai à jouer du [cul] à tant par mois.

Tu ne saurais croire combien ce cadre, qui ne semble rien, amène de portraits et de contrastes plaisants ; toutes les sortes de femmes, tous les états y passent tour à tour ; l'idée en est folle, mais les détails en sont charmants, et je te le lirai quelque jour, au risque de me faire arracher les yeux. J'ai déjà passé en revue la financière, la prude, la dévote, la présidente, la négociante, les femmes de cour, la vieillesse. J'en suis aux filles ; c'est une bonne charge et un vrai livre DE MORALE. »

C'est toujours à Vincennes qu'il écrivit son essai traitant de la sexualité dans l'Antiquité, *Erotika Biblion*, qui passe en revue l'onanisme, la bestialité, la pédérastie, le lesbianisme et autres pratiques sexuelles à la manière des célèbres *Manuels des confesseurs*. Mirabeau le décrivit dans sa lettre à Sophie de Ruffay, le 21 septembre 1780.

« *Je comptais t'envoyer aujourd'hui, ma minette bonne, un nouveau manuscrit, très singulier, qu'a fait ton infatigable ami ; mais la copie que je destine au libraire de M. B... n'est pas finie... Il t'amusera : ce sont des sujets bien plaisants, traités avec un sérieux non moins grotesque, mais très décent. Crois-tu que l'on pourrait faire, dans la Bible et l'Antiquité des recherches sur l'Onanisme, la Tribaderie, etc..., etc... ; enfin sur les matières les plus scabreuses qu'aient traitées les casuistes, et rendre tout cela lisible, même au collet le plus monté, et parsemé d'idées assez philosophiques ?* »

Puis, il écrivit également à Vincennes *le Rideau levé ou l'éducation de Laure* (publié pour la première fois en 1786, toujours par Jean-Zacharie Malassis, grand-père de l'éditeur de Baudelaire, Auguste Poulet-Malassis). Ce livre est en quelque sorte un roman pédagogique à la manière d'*Émile* et un roman autobiographique à la manière de *la Vie de mon père*. Mirabeau y dit déjà, avant Fourier, que toutes les pratiques sexuelles sont possibles alors qu'elles s'accompagnent d'une bonne éducation et du bonheur d'aimer tendrement. Après avoir partagé un hédonisme priapique, Laure enfin dit à sa tendre amie et confidente : « *Tu connais ton pouvoir sur moi ; tu sais combien je te chéris ; tu réunis aujourd'hui tous les sentiments de mon cœur. Je t'apporterai un bijou semblable à celui de Valsay, mais moins dangereux ; s'il n'est moins naturel... J'irai à mon tour essuyer tes pleurs. Oui, tendre amie, oublions l'univers, pour ne nous en tenir qu'à nous-mêmes.* »

Quant à *Hic et Hec ou l'Élève des RR. PP jésuites d'Avignon*, il ne fut publié qu'après la mort de Mirabeau. En effet, revenu aux affaires, il préféra sans doute passer sous silence ce petit chef-d'œuvre de littérature coquine. Dans leur catalogue de 1919, Apollinaire, Fleuret et Perceau nous confirment cette opinion : « *Si Hic et Hec est réellement de Mirabeau, il faut croire qu'après l'avoir confié à un libraire, l'amant de Sophie fit défense qu'on le publiât. Le grand tribun n'avait plus besoin de sa plume pour vivre. Le libraire conserva sans doute une copie du manuscrit et le fit paraître après la mort de Mirabeau.* » Mais depuis, tous les bibliographes de littérature érotique attribuent sans équivoque ce roman à Mirabeau, et dans son *Dictionnaire des œuvres érotiques* (1971), Pascal Pia écrit : « *Roman attribué à Honoré-Gabriel Riqueti, comte de Mirabeau. Publié en 1798. — Histoire "édifiante et véritable" du charmant Hic et Hec qui, tout jeune, connut son premier plaisir en recevant les verges d'un père jésuite. Ils en vin-*

rent vite aux pratiques homosexuelles. Puis, il fut placé comme précepteur du fils d'une charmante femme, prompte à s'abandonner et à s'animer. Quand l'époux les découvrit, au lieu de s'emporter, il se joignit à eux : pédérastie, figures de groupe, sodomie, la belle dame découvrant avec ravissement qu'"à défaut de porte cochère, on peut entrer par le guichet". La jeune et belle servante est bientôt déflorée, initiée à la volupté et admise aux plaisirs du trio. Tous ces amis aiment augmenter leur jouissance par la fustigation... »

À l'apogée de sa carrière politique, il venait d'être nommé à la présidence de l'Assemblée, Mirabeau mourut brutalement le 2 avril 1791. Il fut inhumé au Panthéon, ses funérailles furent nationales, seul Marat s'insurgea. Mais deux ans après, on retrouva les preuves de sa vénalité et on transféra son corps au cimetière de Clamart.

L'œuvre érotique de Mirabeau est empreinte d'une savoureuse atmosphère de libertinage, au sens du XVIIIe siècle, à une époque où les esprits éclairés tenaient pour droit naturel et inaliénable la recherche du plaisir physique, au même titre que celui du bonheur ou de la liberté. En cette presque fin de siècle où la machine à vapeur vient de rugir, où le premier aérostat de MM. de Montgolfier vient de s'élever dans le ciel et où Diderot continue de rédiger l'*Encyclopédie* (à laquelle participa Mirabeau), ces écrits coquins veulent nous dire que le Bien et le Beau sont les principes d'une morale de la nature, et que, pour les femmes et les hommes libres, la recherche consciente et joyeuse de la volupté ne peut que donner du sens à l'existence.

D. L.

HIC ET HEC
ou
L'Art de varier les plaisirs de l'amour

Première partie

Je dois le jour à une distraction d'un R. P. jésuite d'Avignon, qui, se promenant avec ma mère, blanchisseuse de la maison, quitta dans l'obscurité le sentier étroit qu'il parcourait d'ordinaire en faveur de la grande route qui lui était peu familière.

À peine avais-je six ans que sa tendresse paternelle me fit admettre par charité dans les basses classes ; j'y rendais tous les services qu'on pouvait attendre de mon âge, et grâce aux heureuses dispositions dont la nature m'avait doué, je profitai ; à douze ans, je pus balayer la troisième et faire les commissions du père Natophile, qui en était régent.

J'étais précoce en tout, ma taille était élancée et svelte, mon visage rond et vermeil, mes cheveux châtain brun et mes yeux noirs, grands et perçants me faisaient paraître plus âgé que je n'étais : on me prenait pour un enfant de quatorze ans.

La bassesse de mon origine, la pauvreté de ma parure, m'avaient éloigné de toute intimité avec mes camarades de classe, et par conséquent de la corruption, et je donnais tout mon temps à l'étude. Le régent, satisfait de mes progrès, me prit en affection, me chargea du soin d'arranger sa chambre, de faire son lit et de lui porter tout ce dont il avait besoin ; et pour ma récompense, il me donnait des leçons particulières après la classe, et me faisait lire dans sa chambre des auteurs qu'on n'explique pas en public.

Un jour, j'avais plus de treize ans alors, il me tenait entre ses jambes pour me suivre des yeux dans l'explication de la satire de Pétrone ; son visage s'enflammait, ses yeux étincelaient, sa respiration était précipitée et syncopée ; je l'observais avec une inquiète curiosité qui, divisant mon attention, me fit faire une méprise.

— Comment, petit drôle ! me dit-il d'un ton qui me fit trembler, un sixième ne ferait pas une pareille faute ; vous allez avoir le fouet.

J'eus beau vouloir m'excuser et demander grâce, l'arrêt était prononcé ; il fallut bien me soumettre. Il s'arme d'une poignée de verges, me fait mettre culotte bas, je me jette sur son lit, et de peur que je ne me dérobe au châtiment, il passe son bras gauche autour de mes reins, de façon que sa main empoigne un bijou dont j'ignorais encore l'usage, quoique sa dureté momentanée, depuis plus d'un an, m'eut donné à penser.

— Allons, petit coquin, je vais vous apprendre à faire des solécismes.

Et il agite légèrement les verges sur mes jumelles, de manière à les chatouiller plutôt qu'à les blesser. La peur ou le doux frottement de sa main fit grossir ce qu'il tenait.

— Ah ! petit libertin, qu'est-ce que je sens là ? Ah ! vous en aurez d'importance.

Et il continuait la douce flagellation et ses attouchements, jusqu'à ce que, enivré de volupté, un jet de nectar brûlant couronnât ses efforts et comblât ma félicité. Alors, jetant les verges :

— Ferez-vous plus attention une autre fois ?

— Ah ! je ne le crois pas, mon père, il y a trop de plaisir à être corrigé de votre main.

— Tu me pardonnes ma colère ; eh bien, applique-toi, quand tu feras bien, je te récompenserai comme je t'ai puni.

Je lui baisai la main avec transport, il m'embrassa, et passant ses mains sur mes jumelles, il me couvrit de baisers.

— Puisque tu es content de la correction, mon cher enfant, poursuivit-il, tu devrais bien récompenser mes soins de même.

— Je n'oserais jamais !... fouetter mon régent !

— Ose, il t'en prie, et, s'il le faut, il te l'ordonne.

J'allai, en rougissant, prendre les verges, il découvrit son post-face ; à peine osais-je toucher, il s'enrouait à me crier :

— Fort, plus fort ; on doit punir plus rigoureusement les fautes des maîtres que celles des écoliers.

Enfin, je m'enhardis, et, empoignant son sceptre comme il avait fait du mien, je le fustigeai si vertement qu'il versa des larmes de plaisir.

Dès ce moment la confiance s'établit ; il prétexta un rhume qui le mettait dans la nécessité d'avoir quelqu'un auprès de lui, et il fit mettre mon lit dans un petit cabinet qui touchait au sien ; mais ce n'était que pour la forme, et, dès qu'il était couché, il m'appelait et j'allais dormir ou veiller dans ses bras. Il fut mon Socrate et je fus son Alcibiade. Tour à tour agent et patient, il mit sa gloire à perfectionner mon éducation.

Ma quatorzième année finie, je possédais le grec, le latin, un commencement de logique et de philosophie, je connaissais les premiers éléments de la théologie.

Mais pour approfondir cette science qui tant de fois aiguisa les poignards du fanatisme, il fallait passer dans d'autres mains, le père Natophile étant livré presque exclusivement à la belle littérature, et je fus obligé d'aller étudier sous le professeur Aconite.

Je gardai néanmoins mon lit chez Natophile, qui, sentant que pour faire mon chemin dans cette nouvelle carrière je serais obligé d'avoir les mêmes complaisances pour Aconite, le prévint en ma faveur, et dressa lui-même les articles du traité de partage ; il fallait le consentement du supérieur pour mon admission au cours de théologie. Natophile me présenta chez lui, ma figure lui plut, et il fallut bien lui payer son droit.

Pendant l'année qui suivit, je passai les jours à l'étude et les nuits à mériter les faveurs de mes professeurs. Mes progrès m'avaient fait un nom qui me promettait les plus brillants succès, quand arriva la catastrophe qui anéantit la société. Accablés par ces revers, Natophile et Aconite prirent le parti de se retirer en Italie, et le premier, pour ne pas me laisser sans ressources me recommanda à Mme Valbouillant, pour me charger de l'éducation de son fils, âgé de sept ans et dont le professeur venait de mourir ; ma réputation, le témoignage de mes professeurs, me firent accepter malgré mon excessive jeunesse.

Mme Valbouillant pouvait avoir vingt-quatre ans, les dents blanches, l'œil noir, le nez en l'air, les cheveux bruns et fournis, la peau superbe, la gorge et la croupe rebondies, et la main d'une beauté ravissante ; elle n'avait d'enfant que mon élève, et son mari, depuis six ans, était en Italie, à la suite d'une succession qui lui était échue. Natophile me conduisit chez elle, y fit porter mon attirail d'abbé et le petit trousseau que son amitié l'avait engagé à me faire.

Cette dame me reçut avec une bienveillance attrayante et promit à Natophile de me traiter de façon à établir entre elle et moi la confiance réciproque qui devait assurer le succès de mes soins auprès de mon élève. Quand mon introducteur fut sorti, la dame me regardant d'un œil fixe et animé, je baissai les yeux et je rougis ; j'avais bien la force de soutenir les regards lascifs de mes instituteurs, mais ceux d'une femme riche et d'un rang distingué, dont ma fortune allait dépendre, m'en imposaient à un point que je ne puis exprimer.

— Que vois-je, dit-elle, vous rougissez ? Le père Natophile m'aurait-il trompée ? Vous avez bien les traits d'une jeune fille, vous en montrez la timidité, n'en auriez-vous pas le sexe !

Je rougis encore plus fort.

— Ah ! continua-t-elle en riant, je placerais là un joli gouverneur auprès de mon fils ; je veux m'en assurer.

Et passant la main dans le jabot de ma chemise, elle eut l'air de chercher par mon sein si je n'étais pas une fille ; le sien, que je voyais presque en entier, me mettait dans un état à détruire tous ses doutes ; je perdis ma timidité, et, prenant son autre main, je l'appuyai sur la preuve palpable de sa méprise.

— Ah ! dit-elle, que je m'étais trompée ! Pourquoi avoir une aussi jolie mine ? Ma méprise est bien excusable, mais si jeune... quelle grosseur ! d'honneur, l'abbé, vous êtes un monstre !

— Bien facile à apprivoiser, dis-je en me jetant à ses pieds, et je donnerais ma vie pour le bonheur de vous plaire.

— Ah ! que je m'en veux de mon erreur, sans elle il ne serait pas à mes pieds ; levez-vous donc, quelle audace !

— Non, madame, je n'en puis sortir que je n'aie obtenu mon pardon, et je l'obtiendrai si vous considérez l'empire de vos charmes et l'effet qu'ils font sur moi.

— J'en conviens, il est presque incroyable !...

Et ses yeux se fixaient sur l'insolent dont l'orgueil augmentait à vue d'œil ; il y a peu d'avocats aussi éloquents aux yeux d'une femme : je vis le succès du plaidoyer muet, et reprenant sa main, je la pressai contre l'orateur.

— Ah ! fripon, s'écria-t-elle en passant son autre bras autour de mon cou, et serrant ma tête contre son sein.

Je sentis l'énergie de cet « Ah ! fripon ! » et, profitant de la circonstance et de l'heureuse attitude, je fis tant des genoux et des mains qu'en quatre secondes tous les obstacles furent écartés, et l'union la plus intime couronna mes efforts ; ses yeux humides et à demi fermés, son sein haletant, sa bouche, collée contre la mienne, forcée au silence par la volupté ; nos langues trop occupées pour peindre nos plaisirs ; nous restâmes plusieurs moments dans cette ivresse qu'on sent trop pour pouvoir l'exprimer. Sa dernière période combla mes vœux sans affaiblir nos désirs, et le front orné de myrtes, je ne me reposai point pour courir à une nouvelle victoire.

Mon athlète, charmée de sa défaite et de ma valeur obstinée, se livra avec transport à la nouvelle lutte, qui, moins rapide et plus vivement sentie, nous plongea dans une mer de délices. Remis de notre trouble, nous couvrîmes réciproquement de baisers enflammés tous les charmes dont nous avions joui, et nous convînmes de la réserve la plus sévère devant le monde et les domestiques, et de l'abandon le plus parfait dans les tête-à-tête. Chaque jour me découvrait de nouveaux charmes dans ma conquête, qui, s'attachant de plus en plus par la jouissance, m'aimait avec la tendresse d'une amante. L'appartement de mon élève communiquait au sien par sa garde-robe ; et le soir, quand tout le monde était endormi, je passais dans son alcôve chercher le délire dans ses bras, et je rentrais chez moi avant le point du jour. Nous jouissions sans trouble de cette félicité, quand Valbouillant revint de son voyage, après avoir terminé ses affaires.

Je lui fus présenté ; je lui parus bien jeune pour un instituteur. Connaissant le tempérament de son épouse, il se douta bien qu'elle ne me laissait pas donner exclusivement tous mes soins à mon élève ; mais il n'était pas jaloux, et le séjour qu'il avait fait à Florence l'ayant accoutumé aux plaisirs socratiques, et ma figure le séduisant, il crut faire servir la faiblesse de sa femme pour moi à s'assurer de mes complaisances. Il feignit le soir un mal de tête, s'excusa de coucher seul dans son appartement, lui disant en l'embrassant tendrement qu'il espérait s'en dédommager quand cette indisposition imprévue ne le contrarierait plus. Elle me fit alors un signe, que je compris à merveille. Quand je le crus retiré, je m'introduisis dans le lit de ma belle, et nous nous hâtâmes de profiter d'une occasion que nous craignions ne pas retrouver de sitôt.

À peine étions-nous à l'œuvre, que nous vîmes paraître Valbouillant en chemise, un poignard à la main, qui, jetant la couverture et me saisissant de la main gauche, me dit :

— On ne m'outrage point impunément ; mais je suis humain, choisissez entre ces poignards.

Et brandissant celui qu'il tenait, il me montrait celui dont Jupiter frappait Ganymède. L'amour de la vie ne rendit pas mon choix douteux ; je cédai à l'impérieuse circonstance, et Mme Valbouillant, trop heureuse d'en être quitte à si bon marché, me retint assujetti dans la position où je me trouvais ; son mari devint le mien, et dans le fort de ses transports, il prodiguait mille baisers à sa femme, bénissant une infidélité qui lui procurait de si douces jouissances.

— Tu me pardonnes donc, lui dit-elle en l'embrassant.

— Comment rester fâché contre de si chers coupables ? Ce sein, dit-il en le baisant (elle l'avait superbe), et ces jumelles, ajouta-t-il en frottant de la main l'autel où il venait de sacrifier, attendriraient un tigre ; de plus, je n'ai pas compté que tu pusses rester fidèle pendant une si longue absence. J'ai gagné dans mon voyage une bonne succession et des cornes. La première me fait plus de bien que les autres ne me feront de mal. Ne prêtons point à rire, soyons discrets et jouissons sans scrupule de tous les plaisirs que notre âge et notre fortune nous offrent ; évitons le scandale et moquons-nous du reste.

Mme Valbouillant, enchantée de la manière dont il avalait la pilule, le comblait de caresses.

— Ah ! mon ami, que de bonté ! Non, plus jamais tu n'auras de reproche à me faire ! Je renonce...

— Tais-toi, point de serment, je n'y crois point. J'exige ta confiance et non ta fidélité ; ce serait demander l'impossible. Tiens, regarde notre abbé, comme il est radieux ; j'ai retardé ses plaisirs et les tiens, mais je ne veux pas vous en priver ; allons, Hic et Hec, reprenez votre besogne.

— La plaisanterie est trop amère, mon ami, quand tu vois mon repentir.

— Je ne plaisante point, j'ai donné à l'abbé ce que je te destinais, il est juste qu'il t'en dédommage ; les plaisirs que tu prendras devant moi ne peuvent m'offenser, puisque c'est de mon aveu, et que mes yeux jouiront par ce tableau.

Et tenant sa femme dans l'attitude la plus commode, il me pressa de me jeter dans ses bras. La singularité de tout ce qui venait de se passer me fit hésiter : il insista ; je cédai, et j'avoue que j'en mourais d'envie. Alors, nous serrant tous deux dans ses bras, il nous couvrit de caresses ; sa femme, d'abord embarrassée, se rassura et lui serrant la main, se livra sans réserve à mes transports, et parvint au but désiré en même temps que moi.

— Eh bien ! mes amis, dit-il, ne suis-je pas un complaisant ?

Des caresses furent notre réponse.

— Regarde, dit-il à sa femme, l'effet du spectacle que vous venez de me donner.

Et il lui découvrit son sceptre dans l'état le plus respectable.

— Qu'il est menaçant, s'écria-t-elle ; allons, mon pauvre Hic et Hec, vous allez être poignardé.

— Non, madame, c'est sur vous cette fois que ma fureur va tomber ; si, par hasard, dans neuf mois vous me rendez père, je ne veux pas avoir de certitude que l'enfant n'est pas de moi.

En disant ces mots, il use de tous ses droits et s'empare de la place dont je venais de sortir.

Valbouillant était bien fait, il avait à peine trente ans, son corps frais et rebondi était d'une blancheur éblouissante ; la vue de son post-face me rendit ma vigueur, je me précipitai sur lui, je m'introduisis sans peine, et mes mouvements secondant ses efforts, le faisaient pénétrer plus avant dans la grotte de son épouse.

— Ah ! cher abbé, s'écria-t-il, quel plaisir ! Tu doubles ma jouissance.

Je continuai avec ardeur, et bientôt une triple émission couronna notre félicité. Alors, plus calme, il me baisa avec une tendre fureur, pour me payer des délices que je lui avais fait éprouver.

— Vous m'étonnez, dit sa femme, je pensais bien qu'en socratisant, l'agent goûtait un plaisir vif par la pression qu'il éprouve dans la voie étroite ; mais je ne puis concevoir que le patient en puisse ressentir ; au contraire, la grosseur de ce qu'il admet doit lui causer une sorte de douleur qui doit émousser toute volupté.

— Ah ! ma chère, que vous êtes dans l'erreur, le rôle de patient est au moins aussi doux à jouer que celui d'agent, le chatouillement intérieur est ravissant, et j'ai vu des femmes qui préféraient recevoir leur ami de ce côté-là.

— C'est singulier, et pourquoi ne me l'avoir point fait essayer ?

— Je n'osais te le proposer, et sans les événements d'aujourd'hui, je ne t'en aurais peut-être jamais parlé.

— Je serais bien tentée d'en faire l'épreuve, si je ne craignais pas que cela me fît beaucoup de mal.

— Nous l'avons bien supporté votre mari et moi presque dès l'enfance ; avec un peu de pommade les obstacles disparaissent.

— Vous m'encouragez ; cependant comment est-il possible que ceci (touchant le sceptre de son mari) puisse entrer dans un si petit réduit ?

— Mon cœur, il faut choisir, pour commencer le défrichement, la charrue dont le soc sera le plus aigu.

À l'examen, les proportions du mien parurent plus propres pour entamer l'ouvrage, et après quelques moments de repos, mes forces s'étant ranimées, Valbouillant resta dans le lit, nous nous levâmes sa femme et moi ; je lui fis courber le corps sur le lit, son mari la retint, unissant sa bouche à la sienne et l'animant par des baisers à la florentine. Cependant sa croupe se levant, me présentait un double chemin au bonheur ; je choisis celui convenu ; après avoir préparé la voie par un liniment suffisant, la grosseur du soc lui fit d'abord jeter un cri, je m'arrêtai et poussant avec ménagement quelques secondes après, j'ouvris le sillon assez pour y cacher la moitié du fer de la charrue ; je m'arrêtai encore :

— Souffrez-vous ? lui dis-je.

— Encore un peu, mais moins.

Alors, appuyant sur les manchons, je fis le défrichement aussi profond qu'il devait l'être, allant et venant, comme l'exige ce genre d'agriculture.

— Ah ! dieux ! s'écria-t-elle ; je ne sais où je suis, la tête me tourne, je brûle ; ah ! quelle volupté, je fonds ! Ah !... ah !... je succombe... je pars encore... Quartier ! mon cher ami... je ne puis plus...

Me sentant aussi tout hors de moi, je retirai mon soc du sillon où il était, je l'enfonçai profondément dans le voisin que je trouvai inondé d'un déluge de larmes de volupté ; les miennes s'y mêlèrent et nous nous rejetâmes sur le lit dans un abattement délicieux qui succède aux plaisirs satisfaits.

— Ah ! mes amis, s'écriait Mme Valbouillant, se peut-il que j'aie vécu jusqu'à présent dans l'ignorance d'un bonheur aussi grand ; bon Dieu, quelle félicité, quelle douceur ineffable !

Valbouillant, qu'elle caressait en tenant ce discours, lui

proposa de lui faire répéter l'expérience dont elle s'était si bien trouvée.

— De bon cœur, quand j'aurai pris quelques moments de repos ; mais laissez-moi respirer quelques instants, et me recueillir sur une jouissance aussi parfaite et aussi nouvelle pour moi.

Elle s'assoupit un moment la tête appuyée sur mon sein, je m'endormis aussi une main sur ses reins, et l'autre enveloppant un côté de son sein. Valbouillant suivit notre exemple, nous dormîmes près de deux heures ; un songe intéressant occupait notre belle, elle agitait ses reins et m'embrassait avec un transport qui m'éveilla tout à coup. Valbouillant ouvrit aussi les yeux.

— C'est, dit-il, à mon tour de lui faire la seconde expérience socratique.

— D'accord, répondis-je, mais si vous m'en croyez, nous pouvons doubler pour elle la volupté.

— Comment ?

— Je vais me coucher sur le dos et l'établir sur moi tout physiquement, et vous vous installerez ensuite dans la voie étroite.

Tous deux applaudirent à mon idée, et nous nous mîmes sans délai à la réaliser. Je mis un coussin sous mes reins pour les élever davantage, mon héroïne se mit à cheval sur moi, enfonçant mon poignard dans sa blessure et collant sa poitrine sur la mienne, de façon qu'elle offrait dans la position la plus avantageuse le revers à son second athlète. Il ne tarda pas à battre la muraille avec son bélier, qui bientôt s'y fit jour. Enivrée de plaisir, elle me mordait, me pinçait, me baisait, m'inondait et par-dessus m'étouffait : quelque volupté que j'éprouvasse, je commençais à me repentir de mon invention, quand par bonheur Valbouillant, dont le frottement de nos chevilles ouvrières sur la mince membrane qui nous séparait accélérait le triomphe, arrosa l'intérieur de l'arrière-temple, et me débarrassa de son poids ; alors je redoublai mes mouvements, et, dardant le nectar dans le plus profond de l'antre de la volupté, l'âme de ma belle et la mienne se confondirent quelques moments. Elle avoua que de sa vie elle n'avait conçu l'idée d'un plaisir aussi ravissant ; elle nous pressait sur son sein son mari et moi, et gémissait de ce que la nature humaine accordait si peu de force pour savourer et prolonger la volupté. Ce dernier combat ayant épuisé nos ressources, nous nous retirâmes pour la laisser chercher, dans les bras du sommeil, le repos que nous allâmes prendre, chacun de notre côté, dans nos lits.

Le lendemain, je fus réveillé à onze heures par la jeune Babet, filleule de Mme Valbouillant, qui vint me dire qu'elle m'attendait pour déjeuner avec du chocolat, et que je vinsse dans l'état où je serais.

Comme j'aurai occasion de parler de Babet, et, pendant qu'elle est dans ma chambre, j'en vais crayonner le portrait. Elle avait à peine quatorze ans ; sa taille, haute et légère, aurait pu servir de modèle à l'Albane pour peindre la plus jeune des Grâces ; un sein petit et dur commençait à s'arrondir autour de deux boutons vermeils et frais comme la rose, et qui paraissaient à l'œil comme deux fraises appétissantes que le soleil n'a fait encore que rougir légèrement ; son front brillait du coloris de l'innocence ; dans ses yeux on commençait à entrevoir le plaisir d'aimer encore méconnu, et la gaîté naïve, entrouvrant sa bouche de corail, allait creuser dans ses joues deux fossettes charmantes.

Je l'avais peu remarquée jusqu'alors ; malgré les fatigues de la nuit, le démon du matin ne me laissa pas maître de voir sans émotion tant de charmes. Je me fis répéter trois fois le sujet de sa commission, quoique je l'eusse entendu dès la première.

— Est-ce vous, charmante Babet, lui dis-je, en jetant ma

couverture pour me lever et me rendre aux ordres de sa maîtresse, est-ce vous qui préparez cet excellent chocolat ?

— Oui, monsieur, c'est moi.

— Que je voudrais bien être à sa place, comme je mousserais bien sous vos mains.

— Un abbé, mousser, cela serait plaisant.

— Et très naturel.

— Vous moquez-vous ? comment cela se peut-il ?

— Tu vas le voir, lui dis-je en l'attirant sur mon lit ; suppose que ceci est le manche du moussoir.

— Ah ! comme c'est fait ; mais non, je veux m'en aller, et feignant de vouloir sortir et de détourner la tête, je l'aperçus cependant qui glissait un regard de côté pour mieux détailler cet objet nouveau pour elle.

— On ne me quitte pas ainsi, repris-je en la retenant avec un tel effort qu'elle perdit l'équilibre et tomba de côté sur mon lit, de telle sorte que voulant se retenir, ce fut directement au manche du moussoir qu'elle s'accrocha.

Me trouvant bien du hasard de la chute, je la maintins dans cette attitude.

— Ah ! mon Dieu, que cela est dur ! dit-elle, en s'accoutumant à le considérer, et le touchant avec complaisance ; à quoi cela peut-il servir ?

— À faire ton bonheur et le mien.

— Cela serait drôle, et comment cela ?

— En le plaçant dans l'ouverture de la chocolatière.

— Elle est chez madame, au coin du feu, je vais vous la chercher.

— Ne te donne pas tant de peines, tu portes toujours avec toi celle qu'il me faut.

Je lui fis sentir par l'attouchement d'un doigt caressant quel était le meuble qu'il me fallait.

— Comme vous me chatouillez !...

— Comment ? Quoi donc ?... Ils sont faits l'un pour

l'autre, et c'est de leur union que naîtra pour nous le plus grand des plaisirs.

— Ah ! comme votre doigt seulement m'en donne, ah ! que cela est drôle ! Et vous dites que ce que je tiens là m'en donnerait davantage.

— Je t'en réponds, cela ne se ressemble pas.

— Que je le baise donc ?

Et la pauvre ingénue se mit à me le couvrir de baisers pendant que mon doigt, continuant son office obligeant, la conduisit à la dernière période de la volupté.

— Ah !... ah !... quelle ivresse, s'écriait-elle, en roulant les yeux et agitant les reins. Je n'en puis plus... Je meurs, ah !... ah !... je suis toute mouillée.

Je contemplais avec délices les effets du plaisir sur sa mine innocente et candide ; j'allais essayer de lui donner des plaisirs plus solides, quand du bruit que j'entendis dans le corridor me fit lâcher prise et remettre à un autre temps la leçon de cette charmante écolière.

— À ce soir, lui dis-je, quand tout le monde sera couché, j'irai achever de t'instruire. Tu le veux bien ?

— Si je le veux ? Je vous en prie.

— Ne dis rien à personne de ce que nous avons fait, et laisse ta porte entr'ouverte.

— Je n'y manquerai pas.

À peine était-elle sortie que Valbouillant entra.

— Comment, pas encore debout, paresseux !... Voilà ce que c'est que de vous envoyer de si jeunes émissaires, monsieur songe moins au message qu'à la messagère.

— Je dormais profondément, Babet a eu de la peine à m'éveiller.

— Elle vous tenait pourtant par l'endroit sensible.

— Que dites-vous ?

— Mais vous n'étiez pas ingrat.

— Quoi ! vous pourriez penser ?

— J'ai vu, fripon, mais je me suis retiré pour ne pas être un trouble-fête, et j'ai fait ensuite assez de bruit en revenant pour que vous ne fussiez pas surpris de ma venue.

La petite Babet est charmante, j'en raffole depuis mon retour, et je ne vous laisserai pousser tranquillement votre pointe qu'à condition que quand vous l'aurez initiée, elle sera associée à nos plaisirs.

— Soit, repris-je, laissez-moi huit jours pour la disposer et je vous la donne après pour l'effet de la société la plus aimable.

— Huit jours, ah ! monsieur l'abbé, du train dont vous y allez, le terme est trop long, la nuit prochaine passée, celle d'après, il vous plaira que tout soit commun entre nous.

Il fallut bien y consentir. Pendant ce colloque, j'avais passé des bas, un caleçon et une robe de chambre, et il m'emmena chez sa femme, où nous trouvâmes le chocolat tout préparé, qui nous fut versé par les mains de Babet, qui, sans savoir pourquoi, rougissait en emplissant ma tasse.

Valbouillant lui donna quelque ordre qui la fit sortir pour un quart d'heure, et profitant de son absence, il conta à sa femme ce qu'il avait surpris de mes arrangements avec sa filleule.

— Comment, libertin, dit-elle, déjà une infidélité !... Mais je ne serai pas si douce que mon mari, ou je dérange vos projets, ou je repaîtrai mes yeux de vos succès.

— Comment voulez-vous qu'une première fois cette jeune personne consente ?

— Laissez-moi faire, dit-elle, elle est parfaitement innocente, a pleine confiance en moi, et si les exploits de cette nuit n'ont pas mis l'abbé hors de combat...

— Hors de combat, repris-je en lui faisant voir que j'étais dans toute ma gloire.

— Ah ! ma foi, l'abbé est un héros. Eh bien, j'entends que le pucelage de Babet n'ait pas plus d'une heure à vivre et que nous assistions à ses obsèques ; j'en fais mon affaire.

— Comment prétendez-vous ?...

— Ne vous embarrassez pas, laissez-moi conduire la chose et je réponds de la réussite.

Quelques moments après, Babet rentra.

— Qu'on dise là-bas que nous sommes sortis et qu'on ne laisse monter personne, dit la marquise d'un ton sérieux mais sans dureté ; revenez aussitôt, Babet, j'ai des choses importantes à vous apprendre.

La filleule obéit et rentra.

— Asseyez-vous, Babet, continua Mme Valbouillant.

L'innocente balançait.

— Obéissez.

Elle céda.

— Je suis votre marraine, et trop instruite dans ma religion pour ignorer qu'en vous tenant sur les fonts, j'ai pris l'engagement de vous éclairer, de vous protéger et de pourvoir tant que je pourrai à vos besoins.

— Vous l'avez toujours fait, madame, et ma reconnaissance...

— Je veux continuer, l'âge en amène de nouveaux. Depuis un temps, j'ai cru remarquer que votre sein s'arrondit.

— Madame, ce n'est pas ma faute.

— Je ne vous en fais pas un reproche, mais il faut que je voie en quel état il est.

La pauvrette rougit.

— L'abbé, continua Mme Valbouillant, délacez son corset : comme vous serez son directeur, il est bon que vous jugiez par vous-même des secours dont elle peut avoir besoin.

Je me mis en devoir d'obéir ; la petite, embarrassée, interdite, ne savait s'il fallait résister ou céder.

— Vous n'êtes plus une enfant, poursuivit la marraine, je vais à présent vous parler comme à une grande fille, et vous devez vous conduire de même ; vous n'imaginez pas, je crois, que je veuille faire, ni vous faire faire quelque chose qui ne soit pas convenable. D'ailleurs la présence de mon mari devrait vous rassurer ; mais pour détruire votre timidité, je veux bien vous montrer l'exemple.

En disant cela, elle détacha son fichu elle-même et découvrit cette gorge que nous avions tant fêtée la nuit. Babet fit moins de résistance et me laissa tirer de son corset deux petits globes naissants, blancs et fermes comme l'albâtre ; je fus ébloui de leur éclat.

— Bon, dit la dame en les touchant légèrement, ceci annonce quelque chose, voyez si le reste le confirme ; vous étiez chauve, il y a quelques années, au-dessous de votre buste, l'êtes-vous encore ?

— Madame...

— Eh bien ?

— C'est que je n'ose.

— Dites, dites, ne craignez rien...

— Depuis six mois...

— Après ?

— Il m'est venu...

— Voyons ?

— Il est peut-être malhonnête.

— Bon, ce qui est naturel peut-il l'être, regardez-y, l'abbé.

Babet, au mouvement que je fis, parut bien plus confuse et résista machinalement.

— Quelle enfant, continua la maîtresse, faut-il encore que je vous donne l'exemple ? J'y consens.

Et elle leva ses jupes et nous fit voir la toison la plus brune, la mieux frisée qu'on pût voir. Alors, imitateur fidèle, j'exposai à la vue le duvet naissant qui ombrageait le portique du plus joli temple que l'amour eût jamais formé ; Mme Valbouillant y porta le doigt, et son chatouillement y eut bientôt causé les douces oscillations qui conduisent à la volupté.

— Le moment du besoin est arrivé, et pour y pourvoir, c'est, ma chère enfant, de l'abbé que j'ai fait choix. Allons, Hic et Hec, conduisez-la sur ma chaise longue et donnez-lui tous les secours qui dépendront de vous.

Valbouillant et moi brûlions de désirs à la vue de tant de charmes ; la petite n'était pas plus calme, mais la présence de sa marraine et de Valbouillant la couvrait de confusion. Mme Valbouillant, pour tirer parti de la circonstance, prenant son mari par ce qui se révoltait en lui :

— Montrons à cette enfant, dit-elle, comment il faut qu'elle fasse.

Et, par cet exemple, elle détermina bientôt l'innocente, que je plaçai dans l'attitude convenable au sacrifice.

— Ah ! mon cher abbé, me dit-elle en se plaçant comme je voulais sur la chaise longue, qui m'eût dit ce matin que, sans risquer d'être grondée, je pourrais vous abandonner ce que vous chatouillez si joliment et toucher ce qui, dites-vous, doit me donner tant de plaisirs ! Ce que c'est que d'avoir une bonne marraine !

Pendant qu'elle disait tout cela, je m'établissais, et la pointe de mon dard s'efforçait de pénétrer dans le réduit jusqu'alors insensible, dont la pudeur défend l'accès à la volupté. Le spectacle de Mme Valbouillant qui, dans ce moment, se pâmait sous les efforts de son mari, irritant ses désirs, l'empêchait de s'opposer aux miens, quelque douleur que lui causassent mes efforts. Je profitai de ce moment d'ivresse, et passant mes mains autour de ses reins, j'appuyai si vertement que, franchissant tous les obstacles, j'établis la tête de ma colonne dans le retranchement de l'ennemi, qui céda à mon effort.

— Ah ! je suis morte, dit-elle, cruel ! Sont-ce là les plaisirs que vous me promettiez ?

Je ne lâchai pas prise.

— Le plus fort en est fait, répondis-je, encore un peu de patience, ma chère Babet, et tu verras que je ne t'ai point trompée.

Elle pleurait, gémissait, et moi je gagnais toujours du terrain ; cependant Valbouillant et sa femme ayant fini leur besogne vinrent à notre secours ; l'officieuse marraine, glissant sa main dans le champ de bataille, chatouilla cette voluptueuse excroissance qui, par sa dureté, annonce l'arrivée de la volupté, et les lèvres de Valbouillant, serrant amoureusement une des fraises de son sein, portèrent son ivresse au comble ; elle oublia sa douleur que le frottement affaiblissait.

— Ah ! dieux ! s'écria-t-elle, qu'est-ce que je sens ?... qu'est-ce que j'éprouve ?... ah !... ah ! je me meurs... serre-moi... j'expire... ah !...

À ce mot elle ferma les yeux, se raidit, et, par la plus copieuse éjaculation, me prouva le plaisir qu'elle prenait, je ne fus pas longtemps à m'acquitter, et l'abondante injection que je fis en elle du baume de la vie compléta sa félicité.

— Ah ! cher abbé, divin abbé, quel délice, quel nectar !...

Et elle perdit de nouveau la voix en même temps que je perdais mes forces. Je me retirai couronné de myrtes ensanglantés.

— Eh bien, dit la marraine, comment t'en trouves-tu, Babet ?...

— Il m'a fait bien du mal ; mais bien du plaisir.

— Va, le mal est passé et le plaisir se renouvelle souvent ; la friponne ! avec quelle abondance elle a versé les larmes de la volupté !

Et, sous prétexte de réparer le désordre de sa toilette, elle la déshabilla totalement et nous fit voir un corps dont Hébé aurait été jalouse. Aux caresses que Mme Valbouillant prodiguait à chacun des charmes de sa filleule, à mesure qu'elle les découvrait, je reconnus aisément que, quelque goût qu'elle eût pour le solide, elle pouvait, voluptueuse émule de Sapho, savourer avec une jolie nymphe les agréables dédommagements dont la Lesbienne usait en l'absence de Phaon. Je vis son front s'animer, sa gorge se gonfler et ses yeux pétiller à mesure que ses mains parcouraient les charmants contours de ce corps pétri par les Grâces.

— Qu'elle est jolie, quelle taille divine, quelle fraîcheur ! s'écria-t-elle en la serrant contre son sein ; je brûle... Ah ! ma mignonne, prête-moi ta main.

Et l'entraînant sur la duchesse, elle ranima en elle tous les désirs pendant que Babet, d'une main peu exercée, fourrageait le bosquet de Vénus.

— Suspendez ces transports, leur dis-je, vos vêtements sont un obstacle aux plaisirs que vous cherchez et à ceux de nos yeux ; dépouillez ces cruelles draperies qui contrarient vos attouchements et nos regards.

Elle y consentit, et, avec mon aide, elle parut en deux secondes comme Diane sortant du bain ; et, se précipitant de nouveau sur sa jeune proie, elle passa une jambe entre les siennes, de façon que les temples des deux athlètes frottaient voluptueusement sur la cuisse de leur adversaire, leurs bras étaient entrelacés, leurs seins se touchaient, leurs bouches collées l'une sur l'autre s'entrouvraient pour laisser passage à l'organe de la parole qui devenait celui de la volupté, leurs reins s'agitaient, leurs cheveux flottaient çà et là sur leurs corps dont le mouvement animait le coloris ; des soupirs enflammés se faisaient entendre ; on eût dit Vénus se consolant dans les bras d'Euphrosyne de l'absence de Mars. Tout à coup elles s'arrêtèrent, et cinq ou six mouvements convulsifs et précipités nous annoncèrent qu'elles touchaient au but, et bientôt nous vîmes les perles du plaisir couler sur le champ de bataille.

— Ah ! ma chère marraine, ah ! mon cher abbé, quel bonheur de ne plus être enfant.

Après cette exclamation et quelques caresses que la fatigue rendait plus modérées, nos belles allaient reprendre leurs habits, quand Valbouillant, que cette scène avait rendu plus brillant que jamais :

— Quoi ! dit il, serais-je le seul qui n'aurai procuré aucun plaisir à cette charmante enfant ; non pas, s'il vous plaît, et, la serrant dans ses bras, il la renversa de nouveau sur le théâtre qu'elle allait quitter.

— Je ne puis le blâmer, reprit sa femme, jamais objet ne fut plus séduisant, mais nous, resterons-nous spectateurs oisifs ?

— Non, ma reine, non, permettez d'abord que ma bouche recueille le nectar que vous venez de répandre, pour faire place à celui que je veux y verser.

Elle y consentit, et ma langue amoureuse, furetant les recoins du parvis du temple, et savourant cette liqueur divine, ralluma ses désirs et les miens ; alors, l'entraînant sur moi à l'instant qu'elle introduisait le véritable dans la route ordinaire, j'insinuai mon doigt suffisamment mouillé dans le réduit voisin, et doublant ainsi ses sensations, nous arrivâmes ensemble au but désiré, à l'instant que Valbouillant perdait ses forces à côté de nous sur le sein de la jeune Babet. Nos soupirs se confondirent, nous restâmes quelques moments immobiles et considérant d'un œil calme et satisfait la beauté des corps qui nous touchaient ; la dame rompit le silence qui succéda à la jouissance par ces mots :

— Ah ! Valbouillant, qu'est-ce que le mariage auprès des délices que nous goûtons.

— Ah ! ma chère, reprit-il en embrassant Babet, elle, moi successivement, je ne puis trop remercier l'abbé de m'avoir fait cocu.

Nous aidâmes nos belles à se rhabiller ; la toilette fut plus gaie que décente, et nous nous séparâmes après avoir bien recommandé le secret le plus profond à Babet sur tout ce qui venait de se passer. La pauvre petite avait pris tant de plaisir que sans cette recommandation et la menace de n'en plus goûter de pareil, elle aurait indubitablement été en faire le récit à ses jeunes compagnes, mais la crainte de la privation contint sa langue. Quand j'eus donné ma leçon à mon élève, je le ramenai dîner avec ses parents ; il y avait plusieurs étrangers qui parurent surpris, à ma jeunesse, qu'on m'eût choisi pour instituteur.

— Il a reçu une parfaite éducation, dit Valbouillant, il est extrêmement instruit et nous nous trouvons très bien, madame et moi, de la confiance que nous avons mise en lui : sa jeunesse ne nous fait point de peine.

Cette réponse fit cesser les observations ; j'eus occasion de déployer un peu d'érudition et de développer des connaissances en littérature et, avant la fin du repas, les convives, charmés de mon goût, de la modestie et du ton de vertu qui régnait dans tous mes propos, devinrent mes partisans aussi zélés qu'ils avaient d'abord été prévenus contre moi.

Quand tout le monde se fut retiré, nous fîmes un tour de promenade ; nous soupâmes, et, notre élève étant couché, nous entrâmes chez Mme Valbouillant avec la jeune Babet, qui, depuis la scène du matin, devait se trouver dorénavant de tous nos plaisirs. Les travaux de la nuit et de la matinée précédente nous avaient rendus un peu plus modérés sur l'article des désirs. Valbouillant me demanda comment, si jeune, je pouvais avoir si bien approfondi les diverses ressources de la volupté. Je lui répondis par le récit de ce qui s'était passé entre le père Natophile et moi.

— Comment, s'écrièrent à la fois mes trois auditeurs, des coups de verges ont allumé vos premiers désirs ?

— Oui, certes, et à tel point que je ne pouvais plus résister à leur vivacité.

— C'est un phénomène.

— Phénomène qui ne manque jamais d'arriver, et dans l'état où nous sommes tous à présent, il ne manquerait sûrement pas son effet.

— Vous plaisantez, l'abbé ?

— Non, madame. Vous voyez mon humiliation.

— Fi donc, Hic et Hec, cachez cette misère.

— Eh bien, madame, le secours d'un balai de bouleau, en moins de deux minutes, lui rendrait toute sa gloire.

— Croyez-vous que cela fasse le même effet sur mon mari ?

— J'en suis certain.

— Si nous en faisions l'épreuve ?

— Volontiers, dîmes-nous ensemble Valbouillant et moi.

Et Babet en alla chercher un qu'on avait apporté tout frais dans la soirée ; je le partageai en plusieurs poignées ; j'armai de la plus menaçante la main de Mme Valbouillant, et découvrant mon post-face :

— Je me livre à vos coups, lui dis-je ; commencez à demi-force et frappez aussi fort que vous voudrez, et vous verrez.

Elle se mit à la besogne, mais la crainte de me blesser amortissait ses coups, au point qu'à peine en sentais-je l'atteinte.

— Plus fort, m'écriai-je, mais elle n'osait.

L'espiègle Babet lui ôtant le sceptre des mains :

— Laissez-moi faire, dit-elle, il me dira bientôt assez.

Et d'un bras vigoureux, m'appliquant plusieurs coups précipités, les esprits se portèrent dans les pays-bas, et je parus bientôt dans l'état le plus superbe. Mme Valbouillant sauta sur ma gloire, la pressa entre ses lèvres caressantes, et d'une langue amoureuse, en chatouillant le contour, me causa un plaisir si vif, que m'éloignant de la correctrice qui s'attacha alors à Valbouillant, je conduisis la dame sur la chaise longue, et, mettant mes pieds sous sa tête et ma bouche sur son temple, je pompai avec ma langue le nectar du plaisir, pendant que sa bouche me sollicitait à la volupté. Nous savourâmes quelques minutes les délices de cette attitude, qui nous procura bientôt une émission réciproque du baume précieux, sans lequel la Providence trahie cesserait de voir les espèces se reproduire ; nous le bûmes l'un et l'autre avec une ivresse qu'on ne peut exprimer. Revenus de notre trouble, nous vîmes Valbouillant, sur qui la fustigation avait fait l'effet désiré, soutenant sur ses mains les jumelles de la jeune Babet, qui, les bras autour de son cou, les jambes croisées sur ses reins, perforée par sa vigoureuse allumelle, touchait au moment du bonheur dont nous sortions. Valbouillant sentant le moment où il allait perdre ses forces, la porta dans la même attitude sur le pied du lit, l'y renversa, et presque aussitôt nous jugeâmes par leurs soupirs de la fin de leur sacrifice. Je m'approchai de Babet et lui demandai comment elle se trouvait des lumières que nous lui avions procurées.

— Je végétais, j'existe, me répondit-elle. Adieu tous autres soins, tous autres plaisirs ; je voudrais pouvoir doubler chaque jour la durée du temps et employer chaque minute aux leçons que j'ai reçues.

— Parle-nous franc, lui dit sa marraine, n'avais-tu jamais rien soupçonné qui en approchât ?

— J'avais, depuis un an, senti quelques démangeaisons là ; je le dis à ma tante, pour savoir si me gratter, comme j'avais fait, ne me ferait pas de mal.

— C'est, me répondit-elle, à ton âme que cela en ferait ; si tu continues, tu te damnes sans ressource.

Et comme nous approchions de Noël, elle en avertit le père Catonet, qui me confessait. Quand j'allai lui dire ma râtelée, il m'ordonna d'attendre, qu'il me confesserait la dernière, et que ce serait dans une petite chapelle, derrière la sacristie, dont il avait la clef. En effet, il m'y conduisit, quand il fut quitte de ses autres pénitentes. Je commençai par les misères, comme cela se pratique ; puis, comme il voyait que j'hésitais, il me questionna sur le sixième commandement. C'est à cet examen que je dois le peu de lumières que j'avais au moment où vous m'avez instruite. Quand je lui eus avoué l'article des démangeaisons et du grattement :

— À quel endroit est-ce précisément ? demanda-t-il avec des yeux qui semblaient vouloir me dévorer.

— Hélas ! lui répondis-je, c'est là, un peu plus bas que mon buste.

— C'est sûrement, dit-il, un tour de l'esprit malin ; mais je vais lui en jouer un autre. J'ai de l'eau lustrale dans ce bénitier ; il y mouilla son doigt, et, me faisant asseoir sur son genou, sous prétexte de me purifier, il me chatouilla pendant que, par son ordre, je récitais mon chapelet. Je n'étais pas au milieu de la seconde dizaine que la voix me manqua ; je pris le plaisir que je ressentis pour une bénédiction attachée à l'eau bénite : il me dit de me mettre à genoux et d'achever ma confession. J'aperçus sous sa robe quelque chose qui poussait, et auquel il donnait avec sa main de fréquentes secousses ; et l'instant d'après, retirant cette main pour me donner l'absolution, je la vis couverte d'une écume blanche et visqueuse dont une goutte tomba sur ma main. Je n'osai lui demander ce que c'était. Il me défendit de jamais mettre ma main là, m'ordonna de me donner tous les jours, pendant la neuvaine, la discipline avec un meuble de ce nom, en corde nouée, qu'il me remit, de réciter pendant que je me fesserais cinq *Pater* et cinq *Ave*, et de revenir à confesse au bout de ce temps, qu'il commencerait l'exorcisme. Vous savez à quel point va le zèle de la religion quand on est jeune ; je doublai la pénitence qu'il m'avait imposée et je me fouettai aussi fort que je pouvais le supporter ; la douleur, à mesure que je m'y accoutumais, se changeait en plaisir, et je sentais mes feux souterrains augmenter à chaque coup de discipline, mais je n'osais plus y porter le doigt. La neuvaine finie, je retournai chez mon cafard qui, après ma confession entendue, toujours dans la chapelle solitaire, me dit :

— Le démon est plus tenace que je n'aurais cru ; ce n'est pas assez du doigt pour le chasser, je vois qu'il faut le goupillon ; et, me faisant mettre à genoux en baisant la terre, et m'ordonnant de réciter le psaume *Miserere*, sans changer de position, il voulut y introduire son énorme goupillon ; mais la douleur fut si vive, que, poussant un cri aigu, je me jetai de côté, et mon cafard, ayant perdu son point d'appui, alla mesurer le pavé avec son nez. Entendant du bruit dans la sacristie, il se releva, me disant que puisque je ne pouvais souffrir un petit mal pour l'amour de Dieu, il perdait l'espérance de me soustraire au démon, que je revinsse cependant dans l'octave et qu'il me confesserait dans sa cellule.

Ma tante, surprise de mes fréquentes confessions, me questionna ; je lui confessai naïvement tout ce qui s'était passé ; elle me défendit de retourner chez mon carme, et mon ignorance durerait encore sans les soins que vous avez pris de mon instruction.

Le récit de Babet nous fournit des réflexions sur la papelardise des moines et des directeurs.

— Comment se peut-il, dit sa marraine, que la discipline ne te blessât point ; il me semble que cela doit faire un mal affreux.

— Oui, madame, les premiers coups, mais en les donnant doucement d'abord, rien ne cause un feu plus vif, et les derniers, quelque forts qu'ils puissent être, causent un plaisir si grand qu'il m'est arrivé quelquefois de répandre en me flagellant des larmes aussi abondantes par là, que madame vient de m'en faire verser.

— As-tu la discipline ?

— Elle est dans ma chambre, vous allez la voir tout de suite.

Elle sortit, et pendant son absence nous ne tarîmes pas sur son éloge ; jamais personne n'avait montré de plus heureuses dispositions pour tout genre de volupté. Elle rentra tenant en main le dévot instrument.

— Comment fait-on ? dit la marraine.

La petite, à ces mots, se déshabille entièrement et se met à se discipliner d'importance ; ses fesses rougies excitèrent la pitié de la dame qui la priait de cesser, quand Babet lui dit :

— Touchez, madame, où vous savez ; vous verrez si je souffre.

Elle le fit, et à l'instant une copieuse libation se répandit sur sa main.

— Ah ! dit-elle, quel déluge, si jeune !... Je veux essayer de ta recette.

Elle se dépouilla aussitôt, et prenant la discipline, les premiers coups, quoique légers, lui faisaient faire la grimace.

— Laissez-moi faire, dit Babet ; quand, avec les verges, j'aurai doucement échauffé ce beau derrière, vous verrez que tout de suite vous ne souffrirez plus.

Elle y consentit, et bientôt elle disait elle-même à sa filleule de frapper plus fort, et un instant après :

— Je n'en puis plus, s'écria-t-elle, je brûle ; ah ! quel délire... frappe toujours, frappe...

Ce spectacle nous avait rendu notre vigueur à Valbouillant et à moi ; il y avait dans la chambre deux lits jumeaux, séparés par un espace d'environ trois pieds. Mme Valbouillant, le ventre et la poitrine couchés sur un des lits, présentait la croupe à la fustigation de Babet ; le mari, prenant la place de la correctrice sans faire changer de position à la pénitente, enfonce son aiguillon le plus avant qu'il peut dans le sentier physique, et j'en fis autant à la jeune enfant, l'ayant placée sur l'autre lit dans la même position, de sorte que nos postérieurs, à chaque secousse, se rencontraient, et par ce choc étant repoussés plus vigoureusement, allaient porter la volupté plus profondément dans les sanctuaires de nos belles. Mme Valbouillant, dont la fustigation avait rassemblé tous les esprits dans la partie sensible, arriva trois fois au but pendant que son athlète fournissait une seule carrière ; pour moi, je perdis mes forces en même temps que la chère Babet, dont avec un doigt curieux je sondais cependant la voie étroite. Elle me parut avoir le degré de sensibilité désirable pour les plaisirs que j'en attendais dans un autre moment. La pauvre petite, surprise à cette double intromission, s'écriait :

— Bon Dieu ! qu'est-ce donc que cela ? que cela est drôle ! Aye, aye, cela ne me répond pas du tout ; je n'y puis plus tenir, je me meurs...

Ce fut son dernier cri en finissant le sacrifice. Nous nous étions si bien trouvés de cette réjouissance en quadrille, que nous résolûmes bien d'en faire usage. Mme Valbouillant ne cessait de faire l'éloge des verges et jurait n'avoir jamais trouvé son mari si voluptueux. Pour Babet et pour moi, qui avions de longue main contracté cette habitude, nous étions charmés de les y voir prendre goût ; le résultat de cette apologie fut de nous armer tous d'une bonne poignée de bouleau et de nous flageller réciproquement, de telle force que le post-face de nos belles avait pris la couleur de la cerise, et les nôtres, profondément sillonnés, laissaient échapper le sang par quelques endroits ; mais nous étions dans un état de fureur érotique qui nous dédommageait pleinement de cette petite souffrance.

— Tâchons, leur dis-je, de profiter de cet état heureux et d'en prolonger la durée ; lorsque nous nous sentirons sur le point de terminer le sacrifice, suspendons et retirons-nous tout doucement, nous rentrerons bientôt en lice quand les esprits seront un peu plus calmes.

Nos belles s'assirent l'une à côté de l'autre sur le bord

d'un des lits, et nous, restant debout, nous nous établîmes entre elles ; leurs jambes se croisèrent sur nos reins ; dans cette heureuse attitude, nous dominions leurs charmes, nos mains pouvaient, sans se gêner, parcourir le sein de l'une et de l'autre, et même nos bouches y pouvaient prodiguer des baisers, en sucer les trésors, sans que les parties essentielles fussent déplacées. Je m'arrêtais lorsque je sentais le moment approcher, j'en faisais autant à Valbouillant, que je tenais immobile, quand la fréquence de ses soupirs m'annonçait qu'il touchait au terme. Après avoir ainsi peloté avec le plaisir pendant un gros quart d'heure :

— Troquons, lui dis-je.

Et il passa des bras de Babet dans ceux de sa femme, que je quittai pour le remplacer dans ceux de sa filleule.

Nos belles, cependant, moins économes ou plus en fonds que nous, versaient fréquemment des larmes de volupté ; enfin, comme il faut que tout se termine, j'insinuai le gros doigt de ma main gauche dans le post-face de Valbouillant, qui de sa droite me rendit le même office ; ce surcroît de chatouillement nous conduisit bientôt au but désiré, mais comme elle avait été suspendue, jamais éjaculation ne fut plus abondante ; à peine nous restait-il assez de force pour nous traîner chacun dans notre lit, où nous allâmes chercher le repos dont nous avions grand besoin.

Le lendemain, les restaurants, les cordiaux ne nous furent pas épargnés ; cependant le soir, au grand regret de nos belles, accablés de sommeil, nous allâmes chercher le repos que nous désirions, après n'avoir mis en jeu que de froids baisers et quelques mouvements de doigts officieux qui leur paraissaient de bien faibles dédommagements des services plus solides auxquels nous les avions accoutumées.

Le troisième jour, deux courriers arrivant de Rome à nos belles semblaient devoir prolonger le temps de notre repos ; mais Mme Valbouillant, que nous avions initiée aux plaisirs d'arrière-main, nous observa qu'à défaut de la porte cochère on pouvait entrer par le guichet ; nous instruisîmes Babet dans le même art et nous la formâmes à ce précieux genre de volupté ; mais la tante de Babet la voyant plus alerte, plus spirituelle, moins embarrassée, n'en recevant plus de confidences comme celle des démangeaisons, soupçonna en partie la vérité, et comme elle avait l'entrée libre dans la maison, elle se cacha près du lieu de nos orgies. Là, ses yeux et ses oreilles ne lui laissèrent aucun doute. Elle était née italienne, partant superstitieuse, poltronne et vindicative. Elle n'osait éclater contre Valbouillant, dont elle connaissait les richesses et craignait le crédit ; elle crut qu'elle parviendrait à se venger en s'appuyant du prélat de la ville, auquel elle demanda une audience particulière et qu'elle instruisit de la communauté de nos plaisirs, s'offrant de le rendre témoin oculaire de notre débauche. Son récit mit en rut le papelard et piqua sa curiosité ; elle l'introduisit dans un cabinet près de la chambre de Valbouillant, dont une porte vitrée laissait libre passage à ses regards avides.

C'était peu de jours après le rétablissement de la santé de nos belles. Pour mieux célébrer la fête, nous nous étions dépouillés de tous ornements superflus ; il faisait chaud, nous étions dans l'état de nos premiers pères dans l'Éden : nos serpents orgueilleux levaient une tête altière, et l'aspect des pommes que nous présentaient nos Èves nous faisait frémir de désir ; nous essayâmes mille attitudes diverses, et suspendant le dernier terme de la jouissance, nous fixions les désirs : Babet, renversée sur un lit les jambes croisées sur mes reins, se pâmait voluptueusement en serrant dans son antre brûlant le joyeux bourdon que je poussais et retirais avec une agilité qui hâtait pour elle le moment décisif, tandis que Valbouillant faisait avec sa femme, couchée sur le même lit, une épreuve antiphysique dont il redoublait les délices par le chatouillement d'un doigt obligeant à l'orifice du véritable sanctuaire.

Le prélat crevait dans ses panneaux et la jalouse tante de Babet, le tirant par la manche, lui dit :

— Monseigneur, que d'horreurs !

— Que de volupté ! répondit-il.

Nous entendîmes ces exclamations, et la circonstance nous inspirant, nous prîmes de concert, sans nous être consultés, le sage parti de rendre nos témoins nos complices ; nos belles saisirent la vieille tante, la renversèrent sur le lit de repos ; je me jetai sur elle ; aussi brave que Curtius je me précipitai dans ce gouffre pour le salut de la patrie. Le prélat était italien : mon attitude, les deux globes que j'offrais à sa vue, ne lui permirent pas d'hésiter ; il se crut Jupiter et je fus Ganymède ; et Valbouillant, pour compléter le tableau, lui rendit ce qu'il me prêtait ; cependant Babet, voyant sa tante assujettie par le poids de trois corps, de manière à ne pouvoir se refuser à la bonne fortune imprévue qui lui arrivait, se saisit d'une des poignées de verges dont nous étions toujours pourvus, et en chatouilla le post-face de Valbouillant, pendant que sa femme, renversée sur la partie vide du lit, nous découvrant les trésors de sa gorge d'albâtre et l'ivoire de ses cuisses, se prêtait à l'intromission d'un doigt caressant que je glissai à travers l'ébène de son taillis, sans cependant que je quitasse la brèche de l'antique citadelle où j'étais logé. La vieille qui, tout d'abord, voulait me mordre, me dévisager, prit enfin son mal en patience.

— Bonté divine ! s'écria-t-elle en remuant la charnière, ah ! chien... mon doux Jésus... quel dommage que ce soit un péché...

— Dis plutôt quel bonheur ! criait le prélat, me rendant les mouvements de Valbouillant ; va, rien ne vaut le fruit défendu...

— Je me damne ! reprit la vieille toujours tordant le croupion.

— Va toujours, j'ai les cas réservés.

Sur la parole du saint prélat, la vieille se résigne, me serre, s'agite et m'arrache une libation, qu'elle me rend avec usure. L'évêque et Valbouillant arrivent au même instant au comble du plaisir. Mme Valbouillant, qui nous avait précédés, se lève alors, et va avec la jeune Babet féliciter la vieille tante de la bonne fortune inattendue qu'elle venait d'avoir ; il y avait trop de témoins du plaisir qu'elle venait de prendre pour qu'elle en pût disconvenir. Elle se prêta donc au baiser que lui donna sa nièce, et borna ses remontrances à lui dire :

— Tâche du moins que personne ne s'en doute.

— Ne craignez rien, repartis-je, vous voyez comme nous traitons les curieux.

— Je ne crois pas, dit le prélat, la méthode sûre pour les corriger.

Dès ce moment la confiance s'étant établie entre nous, la contrainte fut bannie ; le prélat fut l'âme de nos orgies : le long séjour qu'il avait fait en Italie lui avait donné une profonde théorie de tous les genres de volupté, et joignant la pratique à ses rares lumières, il nous fit essayer avec succès trente attitudes dignes d'exciter le pinceau des Clinchet et modernes. Valbouillant était dans l'ivresse et sa femme proposa au saint homme de le réconcilier avec les plaisirs naturels. La politesse l'empêcha de refuser ; pour le récompenser de sa complaisance, je le socratisai pendant sa besogne, et Babet, couchée sur Valbouillant qui s'était jeté à la renverse sur le lit à sa portée, offrait à son œil lubrique deux jumelles dont Ganymède aurait été jaloux. La tante, pour ne pas rester oisive, d'une main chatouillait les témoins de Monseigneur, et de l'autre s'escrimait à coups précipités d'une poignée de verges, qui sillonnant le bas de mes reins redoublaient ma vigueur.

— Eh bien, dit Valbouillant, à l'instant qu'il touchait à la dernière période de la volupté, que dites-vous de ma femme ?

— Que dans le Paradis elle enlèverait à Madeleine toutes ses pratiques.

La soirée s'avançait, le prélat se rhabilla et nous ayant comblés de caresses, il retourna à son palais, remerciant la tante de Babet des plaisirs que lui avaient procurés son inquiétude et ses scrupules, et avant de nous quitter, il lui fit présent d'un suppléant qu'une abbesse qu'il protégeait lui avait envoyé pour modèle, le priant d'en faire faire une douzaine pour le service de sa communauté. La bonne tante, après quelques cérémonies, l'accepta et nous lûmes dans ses yeux qu'elle en ferait plus d'usage que de son chapelet. Nous fîmes un léger repas et nous allâmes nous coucher après avoir bien ri de la fortune de la vieille.

Le lendemain, à peine étais-je éveillé, qu'on me remit une lettre du prélat.

La voici :

> « Sur le compte avantageux qui nous a été rendu, monsieur, de l'application que vous avez montrée pendant vos études, des progrès que vous avez faits dans la philosophie, la physique et la morale, des dispositions que vous avez à devenir profond dans la théologie, nous croyons qu'il est de notre devoir pastoral de retirer de dessous le boisseau une lumière naissante telle que vous, et de la placer sur le chandelier. Pour vous mettre à même de développer et d'accroître vos talents, je vous offre auprès de moi la place de lecteur ; je me charge de votre sort jusqu'à ce que quelque bénéfice honnête venant à vaquer soit votre récompense. L'éducation du fils de M. Valbouillant peut être confiée à d'autres mains, et ce serait un larcin fait à l'Église que de lui dérober un sujet qui doit faire sa gloire, je ne vous renfermerai pas dans le seul emploi de lecteur ; j'ai fort à cœur un ouvrage auquel je me livre avec un zèle ardent ; vous serez mon collabora-

teur. Je crois l'offre trop avantageuse pour que vous la refusiez ; vous pourrez toujours continuer vos bons offices à M. et Mme Valbouillant : ce sont des gens estimables dont je chéris les mœurs, et je vous seconderai de tous mes efforts. »

L'offre, en effet, m'était avantageuse ; mais je regrettais de quitter la bonne Valbouillant, la petite Babet, le père de famille même ; ils m'aimaient tant, ils m'avaient procuré des plaisirs si vifs, si variés... J'allai donc leur montrer la lettre, m'en remettant à leur décision pour accepter ou refuser le parti ; ils furent aussi affligés que moi ; mais refuser à l'évêque dans un pays où les prêtres peuvent tout, était trop dangereux ; il fut donc arrêté que je me rendrais auprès de Sa Grandeur et que je ferais mes efforts pour m'échapper souvent et jouir avec eux des plaisirs que je leur avais fait connaître. Je ne répondis donc point à la lettre du prélat ; je m'habillai avec soin, et les yeux baissés, le front modeste, je me rendis chez le saint homme. Dès qu'il me vit, d'un air grave il me dit de passer dans son cabinet intérieur ; et se hâtant de se débarrasser du promoteur et de l'official qui l'entretenaient de quelques affaires de diocèse, il vint me rejoindre, ayant défendu qu'on l'interrompît avant qu'il sonnât. Dès que nous fûmes seuls, son visage perdit toute sa gravité épiscopale, il m'embrassa avec transport :

— Eh bien, mon ami ! mon cher Hic et Hec, me dit-il, nous vivrons donc ensemble, n'y consentez-vous pas ?

— Les désirs de Monseigneur sont des ordres pour moi.

— Bon, entrez donc en exercice de vos fonctions de lecteur.

Il me remet la satire de Pétrone, ouverte à l'endroit qui a fourni la jolie scène des amours d'été, me fait prosterner sur une pile de carreaux, et pendant que je lis, réalise avec moi la scène dont il entend le récit ; il la pousse jusqu'au dénouement, et prenant ensuite le livre, il se met à ma place et je lui dis que je sais aussi bien attaquer que soutenir l'assaut ; nous nous rajustons et nous approchant d'un bureau, sur lequel étaient amoncelés plusieurs casuistes, il me fait asseoir, sonne, et dit au valet de chambre qui arrive, qu'il peut laisser entrer, et pendant que plusieurs personnes, grands vicaires et autres, sont introduites :

— Je suis content, me dit-il, comme en continuant une conversation. Vos principes sont les vrais, vous avez approfondi la matière et quelques années de travail encore vous vaudrez Sanchez. Messieurs, poursuivit-il, en s'adressant aux arrivants, voilà un jeune homme qui me donne de grandes espérances, depuis une heure que je l'examine pour m'assurer de ses talents, je ne l'ai pas trouvé un instant en défaut ! il pousse un argument avec force, le soutient avec fermeté, et je crois qu'il fera un grand honneur à l'Église. Je l'ai pris pour mon lecteur, et, après notre dîner, je lui donnerai les quatre mineurs ; quand on trouve des sujets il ne faut pas les faire languir.

Tout le monde me combla d'éloges pour plaire à mon patron ; je me couvris du manteau de cette modestie hypocrite qu'on aime à trouver dans un jeune homme, mais dont les gens instruits sont rarement les dupes. En sortant de table, l'évêque me tint parole, je me trouvai sous-diacre, sans avoir fait d'autre séminaire que sur les coussins de Monseigneur et dans le boudoir de Mme Valbouillant.

Le prélat me permit d'aller lui faire part de mon avancement, et me rappelant, il me dit tout bas :

— J'irai chez eux quand je serai débarrassé de nos importuns, prévenez-les pour que nous puissions n'être qu'entre nous.

Je m'inclinai avec respect et je sortis.

Je fus reçu avec transport par mes amis ; Valbouillant et sa femme m'accablaient de questions ; j'y répondis de mon mieux et je leur dis par quelle voie j'étais entré dans les ordres, ajoutant que l'évêque viendrait leur dire, dès qu'il serait libre, ce qu'il avait fait pour leur protégé. Babet qui survint me couvrit de baisers et si je m'en étais cru, je n'aurais pas différé à leur marquer ma reconnaissance de la part qu'ils prenaient à mon avancement ; mais l'incertitude du moment de l'arrivée du prélat, le désir de lui faire faire une orgie complète, nous firent suspendre nos plaisirs. Il ne se fit pas attendre ; alors la porte fut fermée pour tout le monde ; on lui fit des remerciements et des reproches (ce qu'il faisait pour moi ne dédommageait pas de ce qu'on perdait à mon absence). Le saint homme promit que je pourrais les voir souvent et qu'il joindrait ses efforts aux miens pour égayer leurs moments.

Après ces premiers propos, on fit venir Babet, qui d'abord s'était retirée par respect, et, profitant de la chaleur du climat, sur l'avis du prélat, nous quittâmes les pompes du luxe, et nous nous mîmes dans l'état où étaient nos premiers parents dans l'Éden avant que la pomme fatale leur eût appris qu'ils étaient sans vêtements. On eût dit, en regardant Mme Valbouillant, que c'était la Volupté sous la livrée de la Fraîcheur ; ce qui manquait à la légèreté de sa taille était bien compensé par la finesse de sa peau, la fermeté des chairs, l'appétissant des formes arrondies et le tempérament que ses yeux pétillants et l'humidité de ses lèvres vermeilles annonçaient ; pour Babet, l'Albane ou le Boucher l'auraient prise pour la plus jeune des Grâces, sa taille svelte et déliée n'avait pas encore la perfection des formes, mais on voyait que deux ans encore leur donneraient cette rondeur qu'on ne trouve point dans l'extrême jeunesse ; des cheveux d'un noir de jais, et tombant par grosses boucles au-dessus de ses mollets, formaient autour d'elle un voile transparent qui rendait encore plus touchants les charmes dont ils couvraient une partie. Le prélat ne put tenir contre ce charmant objet ; elle fut la première à recevoir son hommage.

— Tâchons, dit alors l'évêque, de remplir par quelque récit amusant l'intervalle que la nature exige entre le plaisir et la renaissance des désirs ; je vais vous raconter une aventure qui m'est arrivée quand j'étais au séminaire.

— Écoutons.

Et l'on s'assit autour du prélat.

FIN DE LA PREMIÈRE PARTIE

Deuxième partie

J'avais, dit-il, seize ans ; j'étais assez joli, et ma tante, chez qui je passais communément les vacances à sa terre, s'amusait souvent à m'habiller en fille, et faisait prendre mes habits à Faustine, sa fille ; elle était de mon âge, avait la taille élancée, et, pour la tournure et les grâces, ressemblait beaucoup à la gentille Babet. Ces travestissements avaient établi entre nous une liberté dont nous ne manquâmes pas de profiter. Faustine avait du tempérament comme Babet ; j'étais ardent comme Hic et Hec. Ma tante n'était pas ombrageuse ; son directeur la consolait de l'ennui de son veuvage, et quand il venait passer quelques jours au château, nous étions encore plus libres, ma tante désirant jouir dans la retraite des pieuses exhortations du saint homme. Nous allions souvent nous promener en cabriolet, ma cousine et moi, dans les maisons du voisinage : il nous était même permis de découcher quelquefois, le voisinage étant habité par des amis de ma tante. Un jour que le père en Dieu était à la maison, il nous prit fantaisie d'aller nous promener, ma sœur et moi (c'est ainsi que je nommais Faustine) ; la fontaine de Vaucluse était l'objet de notre curiosité, et nous dîmes à ma tante que nous reviendrions coucher à moitié chemin, chez une vieille parente qu'elle aimait beaucoup. Nous nous arrêtâmes dans un cabaret, à deux lieues de la route, pour déjeuner. Pendant qu'on le préparait, l'idée me prit de troquer d'habits avec Faustine, qui m'avait paru la veille charmante en abbé.

— Volontiers, si cela t'amuse, mon frère, me dit-elle ; mais je n'ai point ici ma femme de chambre, comment ferons-nous ?

— Bel embarras, je t'en servirai.

— Oui, mais la décence !

— Qui est-ce qui le saura ? tu ne te méfies pas de moi ?

— Non, sans doute ; mais cependant je ne voudrais pas que tu visses tout à fait...

— Comme tu es faite, n'est-ce pas ? va, je m'en doute.

— Je le crois bien ; mais...

— Tu te doutes bien comme je suis.

— J'en ai quelques idées, mais point de certitude.

— Et qui nous empêche de satisfaire notre curiosité ?

— Mais maman...

— Crois-tu qu'elle se gêne avec le révérend père Cazzoni !

— Oh ! je ne veux pas pénétrer ses secrets.

— Nous ne l'instruirons pas non plus des nôtres ; allons, quitte tes jupes et ton corset.

— Au moins tu seras sage.

— Oui, mais je veux tout voir.

— Soit, mais tu satisferas aussi ma curiosité ?

— De toute mon âme ; mais tu n'en diras rien ?

— Non, jamais, ni toi non plus.

— Je te le jure !

Et nous voilà à nous déshabiller avec empressement ; mon habit était à bas, son fichu et son corset étaient enlevés, nous commençâmes par comparer nos seins.

— Ah ! Faustine, les deux charmants hémisphères, que ces boutons qui représentent les pôles sont frais et vermeils, que ces veines bleues relèvent l'éclat de cet albâtre sur lequel elles sont tracées, et je serrais ces charmantes fraises entre mes lèvres caressantes.

— Finis donc, mon frère ; tu me jettes dans un trouble... je ne pourrais pas finir de me déshabiller.

J'obéis en la dévorant des yeux.

— Mais travaille donc aussi, dit-elle, d'un ton impatient : tu ne fais que me regarder, et je serai déjà toute nue que tu auras encore ta culotte.

Je fis ce qu'elle ordonnait, et j'avais ôté mon caleçon qu'à l'instant ayant enlevé ses jupes, elle se dépouillait de sa chemise ; nos yeux se portèrent simultanément vers le point central.

— Ah ! que c'est joli, m'écriai-je en portant une main avide sur la mousse naissante qui commençait à couvrir le portique du plus joli temple de l'amour !

— Ah ! que c'est beau, dit-elle en serrant dans sa main l'image brillante du serpent qui tenta notre première mère ; comme cela est dur ! cela se découvre, et ce qui est au-dessous, à quoi cela sert-il ?

Ses attouchements me mettaient dans un état qui ne me permettait pas de lui répondre. Et de mon côté j'examinai l'objet intéressant qu'elle offrait à ma vue ; j'avais commencé par fermer la porte au verrou et je la décidai sans peine à se placer sur le lit pour que nous puissions réciproquement continuer notre examen.

— Cela, lui dis-je, est destiné par la nature à s'ajuster dans la partie où je tiens mon doigt.

— Ah ! comme ce doigt me chatouille ! regarde.

— En effet, veux-tu que j'essaie ?...

— Dam... je le voudrais bien, mais si maman le savait !

— Et qui le lui dira ? ce ne sera pas moi, sûrement.

— Eh bien ! eh bien ! essayons.

— Soit, essayons !

Alors, avec toute la gaucherie de l'ignorance et toute l'ardeur de l'amour, nous cherchons à nous mettre en besogne ; la crainte de blesser Faustine arrêtait mes efforts dès qu'elle témoignait de la douleur ; elle me rappelait, mais toujours la même difficulté se présentait. Enfin, je me souvins qu'au collège mon régent de seconde, voulant badiner avec moi, s'était mis en frais de satire et m'avait appris ce proverbe : *Col patenzia et la supa si chiavarebbe una mosca.* Je pris un morceau de beurre frais qu'on nous avait apporté avec des radis, et grâce à ce secours, je renouvelai mes efforts. Faustine s'arme de courage, résiste sans fuir ; la tête de ma colonne force la barrière ; je redouble, le bélier pénètre, la muraille s'entr'ouvre, les désirs escaladent la brèche et s'y logent en arborant le drapeau des plaisirs. Nous trouvions ce jeu si doux que nous avions de la peine à le quitter ; mais la crainte que la fille de l'auberge ne nous surprît en apportant ce qu'on nous préparait pour déjeuner, nous força de nous rhabiller.

Je pris la chemise de Faustine, qui s'affubla de la mienne ; elle se chargea de ma coiffure, moi de la sienne, et quand on vint nous servir, elle offrait aux yeux un petit abbé, et je paraissais une assez jolie fille. Faustine, pour se conformer à son nouveau costume, prit l'air d'un jeune étourdi, et y réussit mieux que moi quand je voulus prendre l'air de réserve convenable à mon habit. La servante qui porta notre déjeuner avait la gorge ferme, la jambe fine, le bas bien tiré et la jupe courte, comme l'ont d'ordinaire nos jolies Venaissines. Faustine la lutina ; Javotte paya d'une tape l'agilité de ses mains. Le nouvel abbé ne se rebuta pas, et levant sa jupe par-derrière, toucha l'endroit sensible.

— Qu'est-ce donc ? petit fripon, sans le respect que j'ai pour mademoiselle votre sœur, je vous corrigerais de la bonne façon ; voyez un peu le beau morveux !

— Ah ! ne vous gênez pas, repris-je en riant, c'est un petit libertin, je ne prendrai pas sa défense.

Alors Javotte vous l'empoigne d'un bras vigoureux, et en un clin d'œil déboutonne sa culotte, l'abat et lui donne deux bonnes claques, et cherchant ce qui le rendait si insolent, elle jette un cri de surprise en ne trouvant qu'une jolie grotte où elle croyait trouver un rocher sourcilleux.

— Ah ! pardon, mademoiselle, si j'avais su ce que vous étiez, je n'aurais pas fait la bégueule, et si cela vous amuse, vous êtes la maîtresse.

Faustine, pour ne pas la désobliger, consentit à recevoir de bon gré ce qu'elle avait d'abord voulu ravir, et d'un doigt obligeant lui rendit le même bon office qu'elle en recevait.

Pendant qu'elles s'occupaient, je pris la parole et je dis à Javotte que nous étions sœurs et que nous allions voir une de nos parentes dans l'intention de la divertir par ce travestissement, et je lui donnai un écu pour nous garder le secret.

— Ah ! de bon cœur, dit-elle ; mais vous êtes trop jolie pour n'être que spectatrice, et elle voulait passer sa main sous ma jupe.

— Non, Javotte, je vous remercie, il y a des empêchements.

— Des nouvelles de Rome peut-être ?

— Précisément.

— Qu'importe, j'ai là de l'eau, les mains sont bientôt lavées.

— Oh ! non, jamais dans cet état...

— Vous ne me ressemblez guère, c'est le temps où je suis la plus ardente.

Voyant qu'il n'y avait rien à faire avec moi, elle nous servit. Nous mangeâmes à la hâte et nous partîmes. Nous rîmes fort dans la voiture du succès de la témérité et de l'embarras où m'avaient jeté les offres de Javotte ; nous interrompions nos rires par le tendre souvenir des caresses que nous nous étions prodiguées, et des lumières que nous avions acquises. Ces idées m'occupaient trop pour songer au chemin, et une malheureuse ornière où la roue tomba pendant que j'embrassais Faustine, donna une telle secousse qu'une de nos soupentes se rompit. Force nous fut de nous arrêter, un baiser ne pouvait pas rétablir la fracture. Nous ne savions à quel saint nous vouer, et le plus petit sellier du village nous aurait été plus utile que l'intercession de tous les bienheureux des litanies. Nous grommelions entre nos dents, quand nous vîmes se promener, sur la gauche, un châtelain du canton, en perruque ronde, chapeau et souliers gris, une grande canne à la main, surmontée d'un échenilloir ; sa mine annonçait près de cinquante ans. Sa moitié, la tête enfouie dans une énorme calèche garnie de ruban coquelicot, s'avançait majestueusement soutenue sur un bambou. Cette dame, majeure depuis dix ans, s'efforçait depuis trois lustres de donner un héritier à l'illustre famille Cornucio, dont son époux était le chef. Mais la Providence se refusant à leurs désirs, n'avait point étouffé dans son âme l'espoir de réussir en s'attachant un collaborateur, quand l'occasion s'en présenterait.

Ce digne couple ayant aperçu notre accident, s'avança pour nous offrir les secours qui dépendaient de lui : nous nous trouvâmes heureux de leur zèle obligeant ; leur domestique conduisit au château notre cabriolet délabré, et nous, nous nous joignîmes au couple Cornucio dans leur promenade : la dame s'empara du bras du feint abbé et le mari saisit le mien ; à mesure que nous approchions du château, leurs yeux s'animaient, leurs coudes pressaient nos bras sur leurs cœurs ; leurs voix devenaient agitées et leurs discours flatteurs. Arrivés au castel on s'occupa de nous loger ; ils n'avaient que deux petites chambres à nous donner, l'une attenant à la chambre de madame, l'autre à celle de monsieur ; il paraissait tout naturel de loger l'abbé près de celle du mari et la prétendue demoiselle près de la dame, mais d'un commun accord ils en décidèrent autrement, comptant chacun tirer parti du voisinage. J'aurais pu, en changeant le soir de chambre avec Faustine, contenter tout le monde et cacher le mystère de mon travestissement ; mais l'idée qu'elle serait dans les bras de ce vieux satyre me révoltait trop ; j'aimai mieux attendre l'événement et prendre conseil des circonstances. Cornucio et sa femme nous accablèrent de prévenances toute la soirée, et après le souper qui fut arrosé de très bon vin, ils nous menèrent dans nos chambres.

— Soyez bien sage, mon cher petit abbé, dit la dame en embrassant Faustine, il n'y a qu'une mince cloison entre votre lit et le mien, j'entendrai tout ; et puis, lui dit-elle à l'oreille, la porte qui nous sépare ne ferme pas.

Le mari me fit les mêmes confidences, et m'ajouta qu'il était somnambule, en me serrant fortement la main, puis il se retira. Je ris de sa méprise et je me couchai. Faustine en fit autant dans sa chambre avec laquelle j'étais bien fâché de n'avoir pas communication, car nos chambres étaient aux deux bouts de la maison, il fallait traverser un corridor le long de l'appartement, de la salle à manger et de celui du maître.

À peine avais-je fermé l'œil que j'entendis marcher dans ma chambre, et s'avancer près de mon lit ; je sentis que j'allais avoir à combattre ; je saisis le pot de chambre, dont j'avais fait usage en me couchant, et quand Cornucio voulut ouvrir mon lit pour s'y placer, j'avançai le bras et le coiffai du vase, et, traversant à toutes jambes le corridor, j'arrivai à la porte de Faustine, que j'enfonçai d'un coup de genou ; je la trouvai se débattant comme le chaste Joseph avec la femme de Putiphar ; elle était si bien enveloppée dans ses couvertures que notre lascive hôtesse n'avait pas découvert son sexe. La dame, à mon abord, parut médusée ; je me plaignis amèrement de la violence que son mari avait voulu me faire éprouver, et je grondai mon soi-disant frère de l'impudeur avec laquelle il osait abuser des bontés de notre respectable hôtesse.

— Moi, ma sœur, s'écria le faux abbé, le ciel m'est témoin que c'est madame qui voulait.

— J'ai cru vous entendre gémir ; craignant que vous ne fussiez incommodé, je suis vite accourue pour vous donner les secours qui dépendaient de moi.

— Votre mari, madame, ne vous le cède pas en charité ; mais je ne désempare pas de la chambre de mon frère, lui seul peut me protéger contre l'impudicité de votre mari.

— Couche-toi, ma sœur, me dit Faustine, je me mettrai dans un fauteuil près de ton lit pour te défendre ; j'espère que madame y voudra bien consentir, et souffrir que nous reposions jusqu'au point du jour. Alors nous quitterons une maison où l'innocence est si peu respectée.

La dame, après quelques excuses maladroites, sortit et ayant barricadé nos portes, nous nous jetâmes dans les bras l'un de l'autre, et nous savourâmes à loisir l'ivresse des plaisirs dont nous avions pris un échantillon dans l'auberge. Le lendemain, à la pointe du jour, ayant repris les habits de notre sexe, nous partîmes sans prendre congé de nos hôtes libidineux, et notre soupente raccommodée nous ramena chez ma tante, où j'achevai de passer voluptueusement la fin des vacances, après avoir assisté aux noces de mon aimable cousine, dont le mari, nerveusement conformé, ne s'aperçut point que j'avais frayé le sentier qu'il parcourut encore avec peine.

Nous avions repris nos forces pendant l'histoire du prélat, et tour à tour pendant la soirée nous nous enivrâmes de tous les plaisirs qu'offrent la nature et la débauche à des gens qui, pleins de vigueur et vides de préjugés, loin de rien refuser à leurs désirs, les irritent par la recherche de toutes les possibilités voluptueuses.

À quelques jours de là, mon prélat, près duquel je remplissais avec zèle les fonctions dont il m'avait chargé, m'avertit que j'avais à me préparer à le suivre à Bédarrides, sa maison de plaisance, à trois lieues d'Avignon, où il allait se reposer pendant une quinzaine des travaux de l'épiscopat ; que j'y trouverais sa sœur, femme de qualité de Bénévent, et sa fille, chanoinesse des plus hautaines, mais ayant toutes les grâces de son état. Il me confia que sa sœur, femme de trente-cinq ans, encore belle et fraîche, suivant toutes les apparences, me trouverait à son gré, et qu'il espérait que je l'aiderais à lui faire les honneurs de sa maison ; que pour la fille, elle avait la fraîcheur de ses dix-sept ans, le sourcil noir, l'œil vif, les lèvres humides et les plus heureuses dispositions pour marcher sur les traces de sa mère, mais que la fierté de ses soixante-quatre quartiers l'avait jusqu'alors empêchée de céder, parce qu'elle avait toujours trouvé quelque lacune dans l'arbre généalogique de ses soupirants ; quoique l'état de chanoinesse qu'elle avait embrassé, vu son peu de fortune, l'eût fait renoncer au mariage, et que le manuel des solitaires, ou les simulaires usités dans les couvents dussent être son unique consolation. Je la plaignis d'un préjugé si contraire au vœu de la nature, à l'humilité chrétienne.

— Je compte sur vous, mon cher Hic et Hec, pour l'en guérir, me dit-il ; votre tournure, votre mine séduisante, vos profondes connaissances dans l'art de la volupté, peuvent seules ramener au bercail cette brebis égarée.

— Et comment y pourrai-je parvenir ? moi, sans nom, sans titres, sans aïeux, le mépris sera le premier sentiment qu'elle éprouvera pour moi.

— J'en fais mon affaire, j'ai mon roman tout prêt : c'est un jésuite, missionnaire dans l'Inde, qui, revenant du royaume de Pégu, vous aura ramené de ce pays par l'ordre d'un prince dont vous êtes le fils naturel, pour être élevé dans la religion chrétienne, que son éloquence lui a fait embrasser.

— Si cette mystification amuse Monseigneur, je ne saurais qu'obéir.

— On t'en devra de reste pour ta complaisance : Laure est faite au tour et n'a contre elle que l'excès de l'orgueil ; je te mets à même de l'initier, mais c'est à la même condition que Valbouillant a mise à l'éducation de Babet et que tout sera commun entre nous quand tu l'auras guérie de ses préjugés.

Cela me parut plaisant, et je promis au prélat tout ce qu'il voulut.

— Il me vient une idée originale, dit mon évêque ; si pour étayer notre ruse, je glissais dans la conversation que tous les princes de sang de Pégu ont sur le corps un signe qui prouve leur origine.

— Un signe, et lequel, s'il vous plaît, Monseigneur ?

— Parbleu ! une tête d'éléphant blanc sur le bas-ventre, au-dessous du nombril ; le peintre qui vient de faire mon portrait t'en dessinerait bien une là.

— Quelle folie !

— Je lui ferai naître le désir de voir ce phénomène, et je ne doute pas que la trompe menaçante de l'animal, faisant remarquer sa force et son élasticité, ne parvienne à l'intéresser.

Ainsi dit, ainsi fait. Le peintre, dès le lendemain, se mit à l'ouvrage, et deux jours après, mon ventre offrit la plus belle tête d'éléphant qu'on pût voir, et Monseigneur examinant le chef-d'œuvre du peintre et badinant avec la trompe de l'animal, elle prit sous ses doigts sacrés une consistance qui le ravit. Nous fîmes le soir une visite à Mme Valbouillant ; on admira la nouvelle peinture ; heureusement elle était à l'huile, sans cela, à l'usage répété que je fis de la trompe, le tableau aurait disparu. La petite Babet, qui n'avait jamais vu de pareils animaux, ne se lassait pas de l'examiner, et trouvait qu'on en pouvait tirer aussi bon parti que du manche du moussoir. La pauvre enfant, peu versée dans les arts, ramenait tout à la nature. Le couple voluptueux, que le prélat instruisit du motif de cette peinture et de la mystification projetée, promit de la seconder et de nous suivre à cet effet à la maison de campagne de Sa Grandeur, qui, depuis son admission à nos orgies, ne pouvait se passer des plaisirs que le libertinage de notre imagination variait sans cesse. Il fut aussi décidé que la gentille Babet serait du voyage ; chaque jour développait en elle de nouveaux charmes, ses formes s'arrondissaient, sa gorge se remplissait, et l'usage de la volupté avait donné de la finesse et de l'énergie à ses regards, d'abord incertains et timides. Ses mains, qu'on n'employait plus aux travaux grossiers de sa première jeunesse, avaient gagné de la blancheur ; et la finesse de sa peau, l'agilité de ses doigts délicats, lui donnaient plus de grâce à manier le sceptre de l'amour que n'en montrait Hébé à toucher la massue d'Hercule.

Le lendemain, nous partîmes, le saint prélat et moi : sa sœur et sa nièce étaient arrivées deux heures avant nous, nous les trouvâmes dans le salon ; la mère couchée sur une ottomane, lisait d'une main un petit in-16 qu'en nous apercevant elle mit dans sa poche, et l'autre main reparut. La jeune chanoinesse, courbée sur un métier, brodait sur un sac à ouvrage le blason de ses armes, avec toutes les alliances écartelées. L'évêque, les ayant embrassées, me présenta comme un prince péguan, que le roi, mon père, nouveau converti, faisait passer en Europe, pour s'instruire dans la foi et dans les arts, qui font la gloire de notre heureuse patrie.

Ce titre de prince du bout du monde et cousin de l'éléphant blanc, prévint en ma faveur l'auguste chanoinesse ; mes yeux vifs et pétillants, mes cheveux bruns et fournis firent aussi leur effet sur la mère ; l'une me demanda des lumières sur les armoiries de Siam et du Pégu, l'autre sur le costume des Bayadères et sur la forme des chaises longues de l'Inde. J'y satisfis de mon mieux, d'après ce que j'avais lu dans les *Voyageurs*.

Après le repas, pendant lequel on admira tout ce que je disais, s'étonnant qu'un jeune homme né aux Indes pût s'exprimer avec bon sens et facilité, on put se promener dans un bosquet délicieux près du salon ; la commission Magdal me choisit pour écuyer, et l'évêque prit le bras de la chanoinesse, et lui parla de manière à la prévenir en ma faveur.

La mère, cependant, me questionna sur les mœurs de Pégu, sur la tournure des belles, sur les procédés qu'on y suivait en amour ; je l'assurai que les femmes grosses y étaient le plus recherchées (elle l'était) ; que les hommes ne se permettaient aucune avance vis-à-vis d'elles, de crainte d'être importuns ; mais qu'ils répondaient avec transport à celles que les belles leur faisaient.

— Comment, si j'étais péguane, si vous me trouviez aimable, vous ne me le diriez pas ?

— J'aurais trop peur de vous offenser.

— Comment donc faut-il que la femme se conduise pour enhardir l'homme pour lequel elle se sent du goût ?

— Elle le regarde en baisant le bout du doigt de sa main gauche, et le cavalier s'approche avec timidité.

— Et la dame alors ?

— Elle porte la main droite sur son cœur.

— Comme cela ?

— Précisément.

— Je fais donc bien ?

— À ravir.

— Et le cavalier ?

— S'il est seul avec la belle, il se jette à ses genoux, obéit à ses ordres sans oser les prévenir ; mais s'il est devant témoins, il feint de ne rien entendre, et gémit les yeux baissés.

— Vous les avez à présent ?

— Exactement de même.

— Fort bien. Mon frère, dit-elle à l'évêque qui nous suivait avec sa fille, que je ne vous empêche pas de vous promener, je me sens un peu fatiguée, je vais me reposer sur ce gazon ; le prince Hic et Hec achèvera de m'instruire des coutumes de l'Inde, vous nous retrouverez ici ou au salon.

— Soit, dit l'homme de Dieu s'éloignant, en souriant, avec sa nièce.

— Reprenons notre leçon indienne, dit la signora. N'est-ce pas comme cela ? dit-elle en baisant son doigt gauche.

— Oui, si j'ai le bonheur de vous plaire.

— Ne faut-il pas mettre la main sur mon cœur ?

— Oui, si vous voulez que j'ose beaucoup.

— Voyons.

Et elle fait le signe encourageant, en se couchant sur le gazon : je m'y précipite avec elle, mes mains actives éloignent tous les obstacles, et bientôt nous ne faisons qu'un.

— Vive la méthode indienne, comme elle abrège les formalités !

Et me serrant, me pinçant, me mordant, elle arrive à la période désirée, et se pâme en bénissant Brahmâ, Vishnou et tous les dieux de l'Inde ; bientôt revenue à elle :

— L'abbé, me dit-elle en me serrant contre son sein, cher abbé ! comment les femmes dans l'Inde prouvent-elles qu'elles sont satisfaites ?

— En recevant avec transport un nouvel hommage.

— Presque sans se reposer !... Ah ! je retourne avec vous au Pégu, dit-elle en s'arrangeant pour me témoigner sa reconnaissance.

Elle se trouvait bien des mœurs de l'Inde, et je lui parus mieux valoir que le livre qui l'occupait lors de notre arrivée ; puis se relevant et rajustant le désordre de sa toilette, elle s'appuya sur mon bras pour retourner au salon. Elle avait été trop occupée des choses solides pour s'être distraite au point d'observer la peinture éléphantine. Elle m'entretint d'un ton plus calme des diverses religions de l'Asie. Je lui parlai de la secte des multiplicantes et de la communauté des plaisirs qu'on voit établie dans les familles de cette caste.

— Comment, dit-elle, la mère dans les bras du fils, la fille dans ceux du père !...

— Eh ! madame, rappelez-vous d'avoir lu quelque part : « Qui doit goûter des fruits d'un arbre, si ce n'est celui qui l'a planté ? »

— Il est vrai ; mais le préjugé !

— Tient-il contre la loi du créateur ?

— En est-il qui permette à un père, à une fille, à un frère, à une sœur ?... Fi donc ; cela répugne.

— À qui donc a-t-il dit : « Croisez et multipliez ? » N'est-ce pas à Adam, à Ève, à ses fils, à ses filles ? il ne regardait donc pas l'inceste comme un crime, puisqu'alors il le commandait.

— Comment ? mais en effet.

— La volonté du ciel peut-elle être versatile ? Ce qui fut un précepte dans un temps, peut-il être forfait dans un autre ? Disons plutôt, puisque la nature nous a donné du penchant pour les êtres d'un autre sexe, sans égard à la parenté, que c'est la politique seule, qui, pour faire communiquer entre eux les hommes disposés par la nature à prendre les plaisirs qu'ils avaient sous la main, et qu'ils trouvaient au sein de leur famille, a interdit ces unions rapprochées, pour réunir par le besoin du plaisir des êtres qui sans ce besoin ne se seraient jamais rapprochés ; que les législateurs ont prohibé, par des vues humaines, des unions qui tenaient les familles isolées les unes des autres et que l'intérêt des gouvernants, et non le vœu du créateur et de la nature, ont transformé en crimes des penchants naturels et par conséquent innocents. Observez encore que suivant la loi du peuple juif, il était ordonné au frère d'épouser la veuve de son frère, et qu'ainsi la même femme devait passer de frère en frère, tant qu'elle survivrait à son époux, et vous osez faire un crime à présent à un cousin d'amuser sa cousine, si le vicaire du Rédempteur ne lui accorde la dispense à prix d'argent ; mais ce Rédempteur n'a-t-il pas dit selon les livres saints : « Je ne suis point venu pour changer la loi, mais pour l'accomplir. »

J'étais lancé ; et dans l'habitude de disputer sur les bancs, j'aurais passé d'arguments en arguments, si le prélat n'était rentré avec sa nièce, vis-à-vis de laquelle il avait je crois soutenu la même thèse, si j'en juge par le feu de leurs yeux et la rougeur de leur teint plus animé que de coutume. La signora Magdalani s'en aperçut, et n'en osa rien témoigner, la richesse et le crédit de son frère, les secours qu'elle en recevait, la rendaient réservée, et elle savait que l'exemple qu'elle donnait à sa progéniture ne l'autorisait pas à marquer beaucoup de sévérité.

— Eh bien ! dit le prélat, comment vous trouvez-vous, ma sœur, de l'entretien du prince Hic et Hec ? Êtes-vous bien instruite des coutumes et des mœurs de l'Inde ?

— Je suis très satisfaite de ses lumières, il est lucide, précis et d'une philosophie...

— C'est un puits d'érudition, et sa morale ?

— Bizarre, fondée en principes : savez-vous bien qu'il m'affranchit de bien des préjugés.

— C'est son fort ; mais, voyons lesquels ?

— Je ne puis, devant ma fille...

— Quel enfantillage ! elle est d'âge à tout savoir, et je dis plus, il peut être dangereux de ne pas l'éclairer ; que de fautes l'ignorance ne fait-elle pas commettre ? Une jeune fille à qui on ne cache rien est plus en état de repousser la séduction, et, si elle y cède, du moins elle évite le scandale, qui, je le dis entre nous, est le plus grand mal moral. Qu'importe à la société que je satisfasse mes besoins physiques ou que je m'en prive, pourvu que je ne nuise pas au bonheur d'autrui, que je ne lui enlève pas sa propriété, que je n'altère pas ses jouissances et que je ne lui cause ni chagrin ni douleur ?

— Mon frère, dit-elle en souriant, diriez-vous cela dans vos homélies ?

— Oui, quand je parlerais à des gens que je voudrais éclairer ; mais en chaire, non, le peuple en masse veut être trompé, l'ignorance aime les prodiges ; une religion sans miracles trouverait peu de sanctuaires, et les mystères qui répugnent à la raison entraînent la crédulité du grand nombre ; je continuerai à jeter de la poudre aux yeux du peuple ; mais je serai loyal et sans scrupule avec mes amis. Laure a dix-sept ans et n'ignore pas sûrement la différence de son sexe et du nôtre ; mais les détails lui sont peut-être inconnus, nous nous gênons pour elle, nous affligeons sa curiosité, et peut-être en nous quittant fera-t-elle des questions à sa femme de chambre, qui, moins discrète et moins éclairée, en lui faisant le tableau des plaisirs, ne lui en dépeindra pas les dangers.

— Ah ! dit Laure, que mon oncle est aimable !

— Quand elle voit que nous ne lui cachons rien, elle sera sans dissimulation, nous lirons dans son âme et nous pourrons écarter d'elle les dangers sans en éloigner les plaisirs. Votre désir, je le sais, n'est pas de la marier, elle se soumet à vos vues ; mais quand elle renonce à l'hymen, soyez sûre qu'elle ne renonce pas aux dédommagements que se procurent tant de jolies prébendières. Plus de gêne devant elle, tant que nous n'aurons pas d'étrangers ; quand il en viendra de suspects, remettons vite le masque de la réserve.

La signora Magdalani, regardant sa fille d'un œil caressant :

— Allons, je me rends, puisque mon frère le veut ; mais, mon cœur, dit-elle en la baisant au front, ne perds pas l'usage de rougir. Rien ne fait plus d'honneur aux filles et surtout aux mères.

— Allons, ma sœur, c'est convenu ; mais voyons sur quoi roulait la conversation avec Hic et Hec.

La signora lui répéta ce que je lui avais dit sur la secte des multiplicantes et sur l'inceste.

— Eh bien ! ma sœur, n'est-ce pas précisément ce que je vous disais quand vous étiez si fâchée pour quelques espiègleries, qui pourtant vous avaient fait grand plaisir.

— Oh ! mon frère, devriez-vous dire cela devant ma fille encore.

— Ah ! maman, je m'en doutais, quoique sans oser vous en parler.

Je ne pus me retenir à cette naïveté, et saisissant sa main, je la baisai avec transport. La petite rougit. La maman me jeta un regard sévère, qui ne m'en imposa pas. L'évêque, d'un ton tranchant, termina la dispute en disant :

— Fi donc, ma sœur, allez-vous y mettre de l'humeur, il est temps que la petite goûte sa part de nos plaisirs ; l'abbé est approchant de son âge.

— Mais, mon frère... Songez-vous ?

— Je sais qu'il prendra toutes les précautions nécessaires pour prévenir l'arrivée des petits indiscrets.

— Mais, mon oncle...

— Vas-tu me montrer quelques doutes sur l'ancienneté de sa généalogie ?... Rassure-toi, tes soixante-quatre quartiers doivent se trouver honorés de se joindre au cousin de l'éléphant blanc.

— Si du moins je voyais son blason.

— Rien n'est plus facile ; les princes de la maison royale de Pégu le portent toujours sur eux.

— Ah ! voyons-le donc.

— Allons, Hic et Hec, faites vos preuves.

Le baiser que j'avais collé sur la jolie main de la chanoinesse m'avait mis en état de paraître avec gloire. Au mouvement que ma main fit pour mettre en liberté la trompe d'éléphant :

— Quelle indécence ! s'écria la mère.

— Regardez son cachet, répondit l'évêque, c'est une tête d'éléphant.

J'exhibais cependant mes armoiries.

— Comment, dit la signora, je ne m'en étais pas aperçue.

— Ah ! ma sœur, vous avez déjà fourragé dans ce canton ?

Elle rougit en marmottant :

— Que je suis étourdie.

— Eh bien ! considérez plus à votre aise, et vous, ma nièce, vîtes-vous jamais de plus belles armoiries ?

La mère, surprise, convint que cela était merveilleux, et la jeune Laure interdite et d'une voix syncopée par le désir :

— Cela est beau... le superbe écusson...

— Allons, prince, initiez cette vierge ; pendant que vous lui ferez chanter son premier hymne à l'amour, nous battrons la mesure sa mère et moi.

Je renversai ma chanoinesse sur le sofa ; l'évêque dénoua les cordons de son corset et découvrit à mes yeux éblouis deux hémisphères d'albâtre où des veines azurées traçaient le cours de mille rivières serpentantes ; ma bouche en suivit les contours, et en peu de temps parcourut bien du pays. Cependant, de peur de faire fausse route, je mouillai l'ancre dans une mer de délices ; et le saint prélat ayant jeté sa sœur sur l'ottomane voisine, s'aperçut de la double libation que j'avais faite.

— Ah ! ah ! dit-il, ce temple a été souillé par quelque profane ; mais avec ce goupillon, je vais le purifier ; et rentrant dans le parvis après quelques allées et venues dans la nef, il pénétra dans le sanctuaire, qu'il purifia par une ample aspersion de son eau lustrale.

La petite, en ce moment, tourna la prunelle et se raidissant, s'écria :

— Ah ! roi de Pégu, que tu as bien fait de te convertir !

Quel que fût le délire que me causa son ivresse, la prudence l'emporta sur mes transports, et, docile aux préceptes du vénérable prélat, je répandis ma libation sur l'architrave du portique du temple. La mère et l'oncle me félicitèrent de ma sage retraite ; mais Laure m'en paraissant moins satisfaite, je me hâtai de la consoler en me replongeant de nouveau dans l'antre brûlant, qui ne m'avait vu sortir qu'à regret, et je lui procurai une nouvelle émission sans dépense de ma part. L'évêque et sa sœur s'étaient cependant rapprochés de nous, et la dame, baisant le front de sa fille, approchait de mes lèvres une fraise de son sein, que je m'empressai de sucer, pendant que le prélat, d'une main caressante, pressait mon post-face, qu'il socratisait du doigt majeur.

Nous nous remîmes après en état décent, et les ablutions nécessaires finies et les toilettes réparées, nous attendîmes l'arrivée de Valbouillant, de sa femme et de Babet, qui ne se firent pas longtemps désirer ; les premiers moments de l'entrevue se passèrent en compliments.

— Prince, me dit la gentille Laure, pourquoi mon oncle a-t-il invité ces gens-là ? Cela va nous forcer à une gêne que je savais supporter avant l'intimité de notre liaison, mais dont la connaissance des plaisirs va me rendre incapable.

— Rassurez-vous, repris-je, loin de contraindre notre élan vers la volupté, leur présence en variera les formes.

— Mais un homme marié !... la présence du mari doit bien en imposer à la femme.

— Bon, la présence d'une mère doit bien gêner une jeune chanoinesse ; cependant...

— Ah ! toutes les mères ne sont pas bonnes comme la mienne.

— Oh ! tous les maris ne sont pas bons comme Valbouillant.

On s'était assis, on s'observait ; tous avaient envie de voir la confiance et la liberté s'établir, mais personne n'osait rompre la glace. L'évêque sourit de l'embarras général, et, prenant Laure par la main, la mena à Mme Valbouillant.

— Souffrez, dit-il, que je vous offre une jeune initiée ; elle a d'heureuses dispositions, et, docile à vos conseils, elle saura respecter les préjugés en public et s'en dépouiller en particulier. Je demande votre amitié pour elle ; bannissant entre nous tout respect humain, soyons dans ma retraite comme nous étions dans votre retraite d'Avignon.

— Vous ne pouvez, répondit Mme Valbouillant, me faire un plus grand plaisir : vous n'attendez personne, je crois ?

— Non, et jamais aucun domestique n'entre dans ce corps de logis, si je ne lui en donne l'ordre exprès.

— Bon, en ce cas, et pour cimenter notre union et rendre notre connaissance plus intime et plus prompte, que ne prenons-nous tout de suite l'habit de la vérité ? il sera très avantageux à madame et à cette belle enfant.

La signora Magdalani feignit un instant d'hésiter ; l'évêque la décida en enlevant lui-même son fichu et dénouant son corset ; Mme Valbouillant en fit autant à la chanoinesse, dont elle couvrit de baisers la gorge et les bras qu'elle avait d'une rondeur et d'une forme ravissantes, et Monseigneur ouvrant une petite armoire cachée dans le lambris, en tira quatre peignoirs d'une gaze très claire, agréablement ajustés, dont il couvrit nos nymphes, sans dérober leurs charmes à nos regards avides. La signora Magdalani était grande, avait les formes superbes, et semblait entourée des Grâces ; on eût pris l'évêque pour l'Apollon du Vatican : Valbouillant ressemblait au dieu des jardins, et nos belles trouvèrent que j'avais assez l'encolure de Ganymède.

Le prélat ne put voir sa charmante nièce sans désirer de

s'égarer dans le sentier que je venais de frayer ; elle baissa les yeux, regarda timidement sa mère dont le sourire la décida à se résigner, et qui la suivit sur le canapé voisin, où elle l'encouragea par son exemple, en se livrant aux transports de Valbouillant qui, passant les jambes de la belle sur ses épaules, s'introduisit très avant dans ses bonnes grâces. Je m'insinuai dans celles de Mme Valbouillant qui, caressant d'un doigt officieux le centre des voluptés de Babet, jouissait du double plaisir qu'elle nous procurait. Six glaces avantageusement placées à la hauteur des ottomanes, répétaient les trois groupes voluptueux qu'elles multipliaient à l'infini, et les sens irrités par ce spectacle enivrant redoublaient l'ardeur de chaque combattant, qui aurait rougi d'être vaincu dans cette érotique. Magdalani, par l'agilité de ses reins, prouvait à Valbouillant que ses trente-cinq ans n'avaient rien diminué de son ardeur, et que sa fille, malgré sa jeunesse, ne la surpassait pas pour la prestesse et le moelleux des mouvements.

Le saint homme applaudissait au zèle de la chanoinesse à suivre l'exemple de sa mère. Mme Valbouillant, Babet et moi n'avions pas besoin d'être encouragés, mais ce spectacle nouveau nous rendait encore plus acharnés à fêter le dieu de Lampsaque. Les trois groupes ayant consommé leur sacrifice, nous nous réunîmes en rapprochant les trois sofas ; on voyait sur tous les sofas la gaîté succéder à la jouissance ; point d'air d'épuisement ni d'ennui ; le fin sourire et le regard malin promettaient le prochain retour des désirs. On félicita la jeune Laure sur le courage qu'elle avait montré dans les premiers combats ; sa mère reçut nos éloges pour la philosophie avec laquelle, s'élevant au-dessus des préjugés, elle avait accéléré par son exemple la félicité de sa fille. La petite se jeta dans les bras de sa mère qui la couvrit de baisers, et d'un doigt curieux tâcha de reconnaître les dégâts que mes efforts et ceux de l'évêque avaient faits. Cet attouchement réveilla les sens de la chanoinesse qui versa presque aussitôt des larmes de volupté sur la main de la signora qui reçut d'elle le même service.

Mme Valbouillant, pour nous faire attendre sans impatience le retour des plaisirs, nous proposa de nous lire une anecdote qu'elle avait reçue de Paris ; tout le monde y consentit, et elle nous la lut.

On applaudit fort à cette anecdote, et l'évêque proposa du sirop, du punch pour désaltérer la lectrice et rafraîchir ses auditeurs.

— Volontiers, dit la signora Magdalani ; mais ne vaudrait-il pas mieux prendre auparavant le rafraîchissement du bain, mon frère en a de charmants, la chaleur est si vive que l'eau doit être assez échauffée par le soleil ; nous n'avons point de toilette à faire, nos peignoirs ne tiennent qu'à un ruban.

— L'idée est charmante, dit Mme Valbouillant ; mais personne ne pourrait-il nous voir ?

— Non, dit l'évêque, le bassin touche à ce boudoir et personne n'y peut pénétrer ; j'en ai la clef, et nous porterons sur le bord le punch que nous prendrons en nous baignant.

Tout le monde fut d'accord, et nous passâmes dans ce délicieux bassin revêtu de stuc ; il était ombragé par un grand platane, deux sycomores et deux grands saules pleureurs ; le jasmin et le chèvrefeuille s'élevaient autour de leurs tiges, et, s'étendant d'un arbre à l'autre, formaient des festons parfumés ; à quelques pas de là, des touffes de seringa sortaient d'une haie de rosiers de diverses espèces auxquelles se mêlaient l'aubépine, l'acacia rose et l'épine-vinette ; la violette, la pensée, l'anémone et l'odorante jonquille couvraient le gazon qui séparait la haie du canal ; et les pois de senteur se ramaient autour de la tige élevée de la tubéreuse ; plus loin, des bancs de mousse à travers laquelle percent la pâquerette et l'armoise, offrent un siège doux et frais à la nymphe qui, sortant de l'onde, veut se sécher et s'essuyer avant de reprendre ses habits. C'est là que nous allâmes chercher à nous délasser de nos agréables fatigues ; l'Albane et Boucher se seraient trouvés contents, s'ils avaient été admis ; quel travail pour leur ingénieux pinceau ! chacune de nos belles leur aurait fourni vingt académies ; ils auraient cru voir Thétis au milieu de ses naïades recevant Phœbus, tandis que les heures dételLent son char. Valbouillant avait l'air de Comus chargé de préparer le festin, pendant qu'en folâtrant près des belles nageuses, je ressemblais au dieu dont les ailes aux talons annoncent l'emploi sur les pas du prélat. Nous nous hâtâmes de nous plonger dans l'onde limpide, qui ne faisait que rafraîchir les charmes de nos nymphes sans les voiler ; les peignoirs qu'elles avaient quittés étaient remplacés par les boucles éparses de leurs cheveux qui formaient un vêtement transparent aux contours arrondis de leurs tailles élégantes ; l'eau ne s'élevait qu'à la hauteur de leur sein ; elles se baissaient parfois pour en avoir jusqu'au menton, et quand elles se relevaient, l'humidité qui restait sur l'ivoire de leur gorge appétissante ressemblait à ce frais duvet qu'on aperçoit sur la prune dans la maturité et qu'on appelle la fleur. Avec quel empressement nos lèvres enflammées couraient la recueillir ; que de bonds, que de folies nous fîmes dans ce délicieux bassin.

Nos quatre naïades étaient belles, mais toutes d'un genre de beauté différent ; la signora Magdalani, d'une taille au-dessus de la moyenne, avait approchant les formes que nous fait admirer Raucourt dans le rôle de Didon, et ses longs cheveux châtains relevaient l'éclat d'une peau d'un blanc de lait, sillonnée de veines d'azur ; son embonpoint lui rendait la fraîcheur que le grand usage des plaisirs lui aurait fait perdre si elle avait conservé la taille svelte qu'elle avait à vingt ans. Laure, plus petite, mais agréablement coupée, voyait flotter sur sa gorge naissante une forêt de cheveux blond cendré : ses yeux étaient bleus, ses longues paupières et ses sourcils bien arqués étaient de la couleur de l'ébène ; et d'ailleurs elle méritait, mieux que jadis l'Athérenin, le beau nom d'as de pique. Je ne répéterai point ici le tableau de Mme Valbouillant, ni de la gentille Babet ; la première, on le sait, a des jumelles qu'on ne peut pincer, des dents de perles et le regard humide de la volupté prête à toucher le but, et Babet, avec ses yeux noirs, ses cheveux châtains, avait l'air d'Hébé réveillant le dieu de la force.

Après mille agaceries réciproques, Mme Valbouillant, poursuivant la jeune Laure en folâtrant comme Sapho le faisait d'ordinaire avec ses compagnes, la renversa sur une touffe de roseaux, et nous fit apercevoir le carmin et la rose au milieu de son spadille. Pendant ce temps Valbouillant accourt, et tournant la chanoinesse de côté, se coulant sur le dos, s'insinue dans le losange vermeil, dont sa femme continuait de chatouiller le sommet ; l'évêque, à son tour, étend Babet à côté des combattants, de manière que l'officieuse main de Babet rendait à sa maîtresse tout ce que celle-ci prêtait à Laure ; et pour compléter le groupe, la signora Magdalani, se courbant sur les reins de son frère, m'offrit une double route aux plaisirs. Je commençai le sacrifice dans l'arrière-temple, et j'achevai ma libation dans le vrai sanctuaire. La fraîcheur de l'eau, l'ardeur de nos désirs, par leur contraste heureux, aiguisèrent la volupté, et nous convînmes, d'une voix unanime que jamais on ne pouvait éprouver d'ivresse plus délicieuse.

Nous sortîmes du bain aussi frais qu'en y entrant ; nous vidâmes sur le rivage le bol de punch qui s'y trouvait préparé. Je fus l'échanson et l'on trouva que j'avais autant de grâce à remplir mes fonctions que le prince phrygien qui servait le nectar à Jupiter.

Nos belles reprirent leurs peignoirs et nous de légères robes de taffetas. Rentrés au salon, nous échangeâmes les plus douces caresses. La signora Magdalani observa que la société, toute charmante qu'elle fût, péchait en ce qu'il y avait plus de consommatrices que d'objets de consommation, et que d'après toutes les proportions physico-mathématiques, tout serait plus dans l'ordre s'il se trouvait six hommes et quatre femmes, et qu'il fallait, pour le bien de la paix, doubler le nombre des collaborateurs.

L'évêque, tout en reconnaissant l'évidence du principe, opposa la difficulté de faire cette opération sans compromettre sa réputation, qui était la base de l'aisance de sa famille. La signora, confuse, ne savait que répondre, quand Laure élevant la voix rappela à son oncle les bijoux qu'il avait eu la complaisance de lui faire passer de la part de sa tante la Visitandine. Le bon prélat sourit, la société le pressa, et il dit à sa nièce de produire ces bijoux si elle les avait encore.

— Si je les ai ! ils ont été ma consolation depuis que vous me les avez donnés.

Et elle tire de sa poche les deux plus beaux simulacres que l'art ait produits pour suppléer à la faiblesse humaine. Des tubes d'étain, rivaux de la nature, recouverts d'un velours incarnat, garnis d'un piston pour lancer à volonté du lait chaud. La pieuse abbesse des Visitandines, empressée de fournir à leurs besoins, avait prié le prélat, son cousin, de lui en procurer de différents calibres pour les postulantes, les novices et les professes, et pour être assurée que sa communauté ne chômerait point, elle en avait mis un nombre en réserve, qui, le fanatisme religieux se ralentissant, et chaque nonne en étant fournie, lui restait en magasin. Le prélat, voyant les besoins de sa nièce chérie, en avait demandé deux, et la bonne religieuse, pleine de zèle pour le salut de sa parente, avait garni les ceintures auxquelles ils étaient attachés, d'*agnus dei*, de bois bénit et de bois pourri, qu'elle avait honoré du nom de bois de la vraie croix, pour élever vers Dieu ses idées quand elle ferait usage de ce consolateur des recluses.

La lubrique assemblée admira le génie de l'inventeur et le talent supérieur de l'ouvrier dans l'exécution. L'espiègle Babet voulait à l'instant entourer ses reins de la sacrée ceinture ; mais sur la représentation de la chanoinesse, elle en différa l'usage jusqu'à ce que le lait nécessaire fût préparé et parvenu à la chaleur convenable.

Pour attendre patiemment que tout fût prêt, on proposa que nos belles fissent le récit fidèle de leurs aventures. La proposition fut généralement acceptée, et la signora Magdalani, comme la doyenne, commença en ces termes :

« Ma mère perdit la vie en me donnant le jour ; mon père m'envoya près de ma tante, dans son petit castel aux environs de Nice. Ma tante, n'ayant rien de mieux à faire, s'était jetée dans la dévotion et passait la journée à l'office ou à médire avec ses voisines. On m'avait appris les litanies de la Vierge, et je prononçais avec toute l'emphase convenable : “Tour d'ivoire, priez pour nous ; rose mystique, priez pour nous.” Mais, de bonne foi, je n'attachais aucune idée à ces vocatifs décousus. Ma tante cependant s'applaudissait de ses talents pour enseigner, et de mes dispositions à m'instruire, parce qu'à douze ans je savais par cœur les sept psaumes en latin, le *Salve Regina* et l'*Angelus*. Quand ma tante était sortie, dès que j'avais fini l'ourlet qu'elle m'avait donné à faire, — car j'apprenais aussi la couture, — je courais dans le jardin pour m'amuser avec les enfants du jardinier. Marcel, l'aîné, était un petit polisson d'environ quinze ans, au teint animé, aux yeux vifs, aux reins souples et à l'épaule large. La gouvernante du curé, veuve du sonneur, femme entre quarante et cinquante ans, avait pris soin de l'instruire et s'était fait payer ses leçons. Mais je parus, et mes appas naissants piquèrent sa curiosité plus que les charmes surannés de son institutrice ; il cherchait impatiemment l'occasion de me faire part des connaissances qu'il avait acquises et je volais au-devant de l'instruction. Un soir que je me promenais dans le jardin où il plantait une planche d'escarole, je l'observais fourrant dans les trous qu'il avait faits avec le plantoir les racines des légumes qu'il venait d'arracher. Je lui fis quelques questions, il y satisfit avec la simplicité de son âge et de son éducation ; puis me regardant avec feu, quoique les yeux à demi baissés :

— J'ai, dit-il, un autre plantoir, qui vaut bien mieux.

— Eh bien, voyons, comment t'en sers-tu ?

— Oh ! ce n'est pas en pleine terre, c'est dans les serres chaudes qu'on en fait usage.

— Eh bien ! nous sommes tout auprès, voyons.

— Volontiers, dit-il, suivez-moi.

L'ardeur de m'instruire m'y fit consentir. Y étant entrée :

— Voyons ton plantoir ?

— Soit.

Il me renversa sur une couche, et d'une main découvrant le terrain qu'il voulait cultiver, de l'autre il découvrit ce merveilleux plantoir. Surprise, j'y portai la main :

— Qu'il est ferme, lui dis-je, il doit entrer bien avant. Mais où est le plant ?

— Tout, dit-il, est renfermé dans ce plantoir, il perce, il plante, il arrose.

— Eh bien ! voyons comment tu t'y prends.

« Je croyais qu'il allait l'enfoncer dans le terreau de la couche ; mais le fripon, profitant de ma position, se précipite dans mes bras, passe mes pieds sous les siens, m'attire à lui, et, rassemblant tous ses efforts, pénètre, en renversant les obstacles, dans le réduit où dormait encore la volupté ; il la réveille, précédée par la douleur. Je fais des efforts pour m'échapper, mais ses bras nerveux les rendent vains. Je reste clouée sur la couche, me résignant à souffrir quoique impatiemment ; mais bientôt la douleur s'affaiblit et disparut par degrés. Cet hôte qui m'avait paru si terrible dès l'abord, devint à mes yeux un commensal dans la société duquel on pouvait se plaire, et je désirais moins sa retraite. Petit à petit, je pris mon mal en patience et je craignis qu'il ne quittât le brûlant séjour dont il faisait alors mes plus chères délices ; mon ivresse s'accrut et ne se calma que par la voluptueuse émission d'un baume qui, soulageant mes blessures, me fit aussi répandre intérieurement les larmes les plus douces. Sa fureur étant calmée, le plantoir sortit dans un état moins menaçant ; je fus surprise de la souplesse qu'il avait acquise, je le touchai avec étonnement et je vis avec effroi qu'il était teint de mon sang ; mais je lui pardonnai sa barbarie, et j'étais affligée de l'état d'abattement dans lequel il se trouvait.

« Marcel examina le ravage qu'il avait causé chez moi ; cet examen et la chaleur de ma main qui n'avait pas quitté prise, ranimèrent son orgueil, et je l'aurais abattu de nouveau sans du bruit que nous entendîmes auprès de la serre. C'était ma tante qui rentrait du salut, et qui était passée par la petite porte du jardin : ma jupe fripée et salie par le terreau de la couche, ma rougeur et mon embarras lui donnèrent des soupçons. Une vieille dévote qui l'accompagnait les aggrava par ses pieuses remarques : on visita mon linge, et le résultat de cette enquête fut un prompt départ pour un couvent, où je demeurai jusqu'à quinze ans, époque où je fus mariée et prise pour vierge par mon époux. »

— Comment, maman, il ne s'aperçut pas...

— Non, mon cœur. Le petit Marcel, quoiqu'il m'eût blessée, était trop jeune pour être bien terrible, et ton père crut qu'étant restée trois ans au couvent, j'avais usé des ressources d'usage dans les cloîtres ; et je confirmai son opinion par un adroit aveu, pour détourner les idées plus désavantageuses qu'il aurait pu se former.

La belle Italienne achevait à peine son récit, quand Babet

nous annonça que le lait avait acquis la chaleur convenable, et, apportant la cafetière, remplit les deux suppléments, se mit la ceinture du plus gros, et proposa à la belle Laure d'en subir l'épreuve. La chanoinesse le désirait, mais l'idée que la gentille Babet était simple et roturière la faisait hésiter.

— Belle délicatesse, dit le prélat ; si Babet n'est pas d'une naissance illustre, elle est anoblie par ses alliances, elle peut embellir son blason de mes armoiries, de celles du prince Hic et Hec, et de Valbouillant.

Laure se résigna. Me collant sur le dos de Babet, je lui rendis le même office naturellement ; ma bouche faisait un suçon sur l'épaule de Babet, pendant que ma main gauche prenait les reins de la belle Laure, et que ma main droite, glissée entre les deux nymphes, en palpait voluptueusement les contours élastiques. Cependant la signora s'insinua le second supplément pendant que Valbouillant s'avançait dans ses bonnes grâces par la route détournée ; pour l'évêque, d'une langue caressante, il cherchait le nectar de la volupté dans la grotte étroite et complaisante de Mme Valbouillant, qui de son côté couvrait de baisers le bâton augural du pontife.

Les belles firent tour à tour l'épreuve des bienfaisants simulacres, et l'immense cafetière était presque épuisée, quand notre ingénieux prélat voulut faire un nouvel essai ; il prit le plus gros des suppléments et s'en ceignit à rebours, de sorte qu'il avait l'air de sortir du bas des reins, comme la queue d'un cheval, coupée à l'anglaise, puis il se plaça debout entre deux lits d'une hauteur suffisante, séparés par une ruelle étroite, et plaçant sa nièce sur l'un et sa sœur sur l'autre, et de manière que leurs jambes portaient sur un lit et leur corps sur l'autre, il établit le naturel dans le temple de sa nièce et l'artificiel dans celui de sa sœur, et par ses mouvements rapides il occupait utilement l'une et l'autre, et lâchant le piston mécanique en même temps qu'il faisait physiquement sa libation, toutes les deux jouirent simultanément d'un déluge de voluptés.

Cet essai fut le dernier de la soirée ; quelques fruits délicieux et d'agréables liqueurs les rafraîchirent et les restaurèrent, et l'on alla se coucher séparément, pour qu'on pût se livrer sans trouble au repos que la répétition des plaisirs nous rendait si nécessaire. D'ailleurs, le prélat était un homme d'ordre dans ses plaisirs ; il avait des statuts qu'on observait religieusement dans ses orgies. La communauté des jouissances était établie entre tous les membres de la société, on n'en pouvait dérober aucune aux regards lascifs des autres, et c'était une faute digne d'exclusion d'en frustrer la voluptueuse curiosité ; il était également défendu aux femmes de faire des pensionnaires en leur particulier, parce que c'était priver d'autant la communauté des plaisirs qui devaient être partagés ; mais tout était permis, en prévenant la société de ce qu'on allait faire, pour que les membres en fussent les témoins, s'ils en étaient tentés.

Le lendemain matin, après neuf heures d'un sommeil tranquille, nos belles quittèrent le lit.

> Alors belles sans art, dans le simple appareil
> De beautés que l'on vient d'arracher au sommeil.
>
> (Racine, *Britannicus.*)

Elles courent de chambre en chambre ; Laure, levée la première, était déjà dans la chambre de sa mère, qu'elle serrait dans ses bras, pour lui peindre sa joie de la liberté qu'elle lui avait accordée la veille, et lui dérobant quelques caresses :

— Ah ! maman, que tu es belle, ce n'est que d'hier que je connais tes charmes ; le respect, jusqu'à présent, m'inspirait plus de crainte que d'amour ; depuis que tu m'as associée à tes plaisirs, mon âme nage dans l'ivresse, et je sens qu'il me serait plus doux de t'en procurer que d'en recevoir, même de l'homme le plus séduisant ; tiens, regarde l'effet du baiser que je viens de prendre sur ton beau sein.

— J'en éprouve un pareil, ma chère enfant, mais...

— Quoi, mais ?... qui nous empêche de profiter de nos désirs mutuels ?

— Et nos règlements ?

Elle instruisit Laure de la nécessité de ne dérober aucun plaisir à la vue de la société...

— Eh bien ! maman, descendons, nous leur dirons ce que nous allons faire, qu'ils soient les témoins s'ils veulent ; mais je jure que je ne recevrai de caresses et n'en ferai à personne avant de t'avoir fait partager mes transports.

Valbouillant et l'évêque arrivèrent alors. Laure leur déclara ses intentions, et comme je survenais avec Mme Valbouillant et Babet, je me hâtai de presser la maman de céder aux transports de sa fille, pour se rendre ensuite aux vœux de la société.

— Eh bien ! maman, que tardons-nous ? Viens sur ce sofa.

Comme elle hésitait :

— Retirons-nous, dit Valbouillant, ce sont des affaires de famille, ne les troublons point ; allons au salon, nos belles amies nous rejoindront quand elles voudront de nous.

— Y consentez-vous ? nous dit alors l'évêque.

— Assurément, dîmes-nous à l'unisson ; mais comme c'est une assemblée de parents, Monseigneur en devrait être.

— Non, dit Laure vivement, nous vous rejoindrons tout de suite.

— À votre aise, reprit l'évêque en souriant, nous avons de quoi nous occuper sans vous, et allons faire préparer le déjeuner.

Nous descendîmes, la mère et la fille restèrent dans leur appartement, et l'ardente Laure menant la maman sur le lit qu'elle venait de quitter, s'y précipita dans ses bras. Rien, ni jupes ni corset, ne s'opposa à leur fureur érotique.

— Quelles superbes formes, s'écriait la chanoinesse, en couvrant sa mère de baisers enflammés.

— Quelle fraîcheur, quelle fermeté, disait la maman caressant les charmes les plus secrets de Laure ; et leurs jambes de s'enlacer, leurs seins de se presser, leurs lèvres de s'entr'ouvrir et leurs langues de s'unir ; leurs yeux se ferment, leurs mains s'égarent, leurs sens s'allument, leurs lèvres humides exhalent de tendres soupirs, leurs reins s'agitent convulsivement, leurs cons agités sont inondés de volupté.

— Ah ! ma Vénus, ah ! mon Hébé, s'écrièrent-elles ensemble, en se serrant amoureusement. Ah ! dieux !...

Et la parole leur manque... Ô Sapho ! ô Raucourt ! éprouvâtes-vous des transports aussi vifs ? Les sentiments de mère et de fille semblaient ajouter au délire de leurs sens que la plus abondante effusion du nectar du plaisir ne pouvait calmer. L'évêque, qui était monté sur la pointe du pied avec Valbouillant et moi, après avoir joui de leur ivresse en silence, le rompit en chantant ce fragment de *Lucile :*

Où peut-on être mieux qu'au sein de sa famille ?

— Eh bien ! dit la mère sans se déconcerter, vous voyez, mortels présomptueux, qu'on peut se passer de vous, et que ma Laure et moi savons nous suffire à nous-mêmes.

— D'accord, belle dame, lui dis-je, mais puisque la source du vrai bonheur est en vous, convenez que vous seriez barbares, si vous nous refusiez de nous y désaltérer.

— Nous ne refusons rien, dit Laure, pourvu que vous ne nous forciez pas à nous désunir.

Alors elles se serrèrent de nouveau, couchées de côté sur le lit ; l'évêque et Valbouillant, lestes comme des lévriers, s'élancent sur la couche et, à l'instar de ces animaux, se mettent à fêter nos belles. Je fus un instant spectateur ; mais bientôt, lassé de ce rôle, je pris mon évêque à revers, ses mouvements m'apprirent qu'il m'excusait de le prendre en traître, et bientôt les soupirs entrecoupés, les doux gémissements prolongés de la mère et de la fille, et de légères convulsions nous annoncèrent qu'elles continuaient de répandre des larmes de volupté. Nous redoublâmes d'ardeur et les retînmes dans leur ivresse jusqu'à ce que nous eussions nous-mêmes consommé le sacrifice.

Mme Valbouillant et Babet, qui étaient survenues pendant le combat, pour ne pas rester oisives, s'étaient armées des suppléments, dont elles s'obligeaient réciproquement, en se réglant sur les mouvements du groupe principal.

Le sacrifice terminé, on se relève, on se félicite, et l'on redescend dans la salle à manger ; de bons consommés, d'excellentes truffes à l'huile vierge, et des canapés d'anchois rétablirent les forces de nos belles et aimables athlètes ; les vins les plus doux et les plus fins y furent joints ; quelques chansons folles égayèrent le déjeuner ; et l'évêque proposa d'aller folâtrer dans quelques bosquets de l'Averne, son jardin délicieux : tout le monde applaudit, et tous, d'un pied léger et d'un front riant, suivirent le saint prélat et sa superbe sœur.

Rien n'égale le goût et la variété de ces jardins enchanteurs ; l'acacia rose, le mélèze fleuri unissent leurs rameaux au cèdre du Liban ; plus loin le catalpa, le platane dépouillé de son écorce, ombragent de leur cime élevée le limpide ruisseau qui serpente à travers le gazon fleuri, tandis que le saule pleureur courbe vers l'onde fugitive ses rameaux minces et pendants ; la violette, la rose, l'œillet, le thym, l'iris émaillant la prairie, fournissent un riche butin à l'abeille laborieuse qui vient cueillir le baume vivifiant dont elle compose son miel ; les arbustes odorants, le jasmin parfumé, le rampant chèvrefeuille, s'élevant le long de la tige du citronnier, et se liant aux branches de l'oranger, charment la vue par leurs guirlandes naturelles et l'odorat par leur douce saveur. Un sentier serpentant à travers un fort de noisetiers et de mûriers sauvages, conduit à la plus charmante des grottes ; les rocailles les plus artistement posées, les coraux, les madrépores, l'éclatant burgau, la nacre brillante en tapissent les parois ; l'onde fraîche et limpide, filtrant à travers le rocher, se rassemble dans des conques superbes, d'où elle tombe par cascades dans des bassins de granit, qu'on croirait creusés par les mains de la nature ; l'art partout est caché, et n'en a que plus de succès ; sur l'entrée on lit : ICI L'ON S'ÉGARE. Au fond de la grotte, éclairée par une ouverture pratiquée pittoresquement dans la voûte, une mousse épaisse et fleurie offre des lits commodes au promeneur fatigué ; au-dessus on lit : ICI L'ON SE RETROUVE.

La signora Magdalani s'y couchant, dit en souriant :

— Qui veut se retrouver avec moi ?

Je me présentai le premier.

— J'admire son zèle pour la famille, il vient de rendre service à mon frère, il veut m'obliger et je parie qu'avant de rentrer au château il voudra se rendre utile à ma fille : le charmant enfant ! Mais je ne veux pas qu'il s'épuise ; jouons avec la volupté, mais rendons-nous-en maîtres, et sachons reculer l'instant de la conclusion. Mme Valbouillant et Babet n'ont point goûté de plaisirs solides aujourd'hui, que mon frère et Valbouillant les occupent ; ma fille et moi, nous nous contenterons de Hic et Hec ; il a de l'esprit jusqu'au bout des doigts, j'en veux faire plus d'usage que de la trompe de son éléphant. Viens, ma Laure, mets-toi à mes côtés, ouvre ton peignoir comme j'ai fait du mien ; que ses mains caressent nos deux portiques, que sa bouche se colle alternativement sur les nôtres, se promène sur ton sein et sur le mien, et soyons économes du baume précieux qu'il voudrait nous prodiguer.

Je consentis au joujou qu'elle proposait, et quand la volupté se faisait sentir trop vivement, elle me faisait suspendre, pour reprendre, après une courte trêve. Laure fit une si jolie mine, en arrivant au but désiré, que je ne pus résister au désir de porter la bouche sur la fontaine dont mon doigt venait de faire jaillir les eaux enflammées ; le mouvement que je fis ayant découvert la trompe dans l'état le plus brillant, la signora la saisit entre ses lèvres ardentes, et par la succion la plus voluptueuse, me fit faire une libation plus abondante que celle que je recevais de sa fille, et ma main gauche, qui n'avait pas quitté son poste, reçut des preuves liquides de l'attendrissement de la mère.

Cependant Mme Valbouillant et Babet s'étant adossées l'une à l'autre recevaient debout l'évêque, et Valbouillant, dont les coups repoussés par l'athlète opposé, causait une réaction vive et singulière. L'acte fini, après quelques moments de repos et quelques verres de punch, on demanda quelque anecdote à Valbouillant.

— Je n'en sais point, dit-il, si ce n'est le désespoir de la vieille Sara.

— Je ne la connais point, dit l'évêque.

— Oh ! que si, Monseigneur, elle a la pratique de presque tout votre chapitre, c'est la grosse marchande de plaisir !

— Elle vend du croquet ?

— Non, mais c'est la plus adroite pourvoyeuse du Comtat ; peu de femmes ont une famille aussi étendue, elle a toujours deux ou trois nièces qui l'accompagnent aux promenades, au spectacle, et quand elles sont un peu trop connues, elles se retirent vers Orange ou Carpentras, où elles portent l'instruction qu'elles ont reçue chez Sara, qui les remplace par de nouvelles parentes, qui lui viennent des villages d'alentour, et qu'elle forme avec le même soin.

— Oh ! oui, je me rappelle, dit l'évêque, elle est grosse,

courte, elle a le front étroit, l'œil en dessous, le crin roux et le nez un peu bourgeonné.

— Précisément, et sûrement vous avez été plus d'une fois son neveu.

— Je n'en disconviens pas ; que lui est-il donc arrivé ?

— Hier, se promenant sur le rempart avec Justine, la nièce du moment, un négociant de Bâle est venu l'accoster : on a lié conversation, elle a d'abord été galante, puis elle s'est animée et le bon Bâlois a proposé de lui donner à souper. Sara, toujours prête quand il s'agit d'un repas, s'accorde à tout, et l'on convient que le négociant partagerait ensuite le lit de Justine en déposant dix louis sur la table de nuit, dont il aurait droit d'en reprendre un à chaque politesse qu'il ferait à la gentille nièce. Sara, qui n'avait guère vécu qu'avec d'élégants Français ou de bons citadins, croyait que les Suisses ne pouvaient l'emporter en civilité sur ses compatriotes, et se hâta d'accepter le marché. On a soupé gaîment, le bourgogne et le montrachet n'ont pas été ménagés, la vieille s'est bien repue, bien égayée, puis a présidé au coucher ; on a vu poser l'or sur la table de nuit et le Suisse a prétendu qu'elle lui devait deux louis. Justine, interrogée sur le fait des articles, a confirmé par son aveu les prétentions du Bâlois ; Sara a redoublé ses cris, et l'Helvétien, pour l'apaiser, l'a renversée sur le lit et lui a fait cadeau du treizième ; elle a pris son mal en patience, mais en jurant ses grands dieux qu'elle ne ferait plus de pareil marché qu'avec des Français.

— La nièce, observa l'évêque, avait moins d'humeur que la tante.

Mme Valbouillant remarqua que le bon Bâlois s'était sans doute ainsi comporté pour honorer les saints apôtres, et avait réservé le Judas pour Sara.

— Quoi qu'il en soit, dis-je alors, je voudrais me faire naturaliser suisse, si j'étais sûr que le droit de bourgeoisie chez eux me procurât d'aussi rares talents.

— Ce n'est pas quand on vous ressemble, l'abbé, qu'on doit former de pareils vœux, et vous prouvez que l'état théocratique fournit les plus précieux sujets pour la volupté.

Ce propos valait bien un remerciement, j'embrassai la belle Valbouillant, sa main chercha si j'étais digne de l'éloge qu'elle venait de me prodiguer ; l'état où elle me trouva la fit soupirer ; les réflexions sur l'aventure de Sara terminées, on avisa aux amusements qu'on pourrait se procurer jusqu'à l'heure du dîner.

— L'abbé, dit Mme Valbouillant, devrait nous indiquer quelques-uns des jeux qui l'occupaient au collège.

Je lui dis que les plus usités étaient le cheval fondu, la main chaude et le pet-engueule.

— J'ai, dit Laure, joué quelquefois à la main chaude au couvent, j'étais quelquefois un demi-quart d'heure sans désemparer, cela m'ennuyait fort, et j'en avais la main toute engourdie.

— N'y aurait-il pas, dit l'évêque, un moyen de rendre ce jeu plus piquant ?

— En décidant que celle qui devinerait disposerait à son gré pour ses plaisirs de la personne devinée.

— Sans doute, dit la signora Magdalani, mais cependant nous y gagnerons peu de chose, nos volontés ne sont-elles pas la règle des désirs des hommes de la société ?

On disserta ensuite sur le cheval fondu, et l'on trouva du danger pour les reins de celui qui portait le principal fardeau, et on le rejeta ; quand on détailla le pet-engueule, il trouva plus de partisans ; mais il n'y avait que trois hommes pour quatre femmes ; c'était un inconvénient, mais la signora Magdalani, s'excusant avec grandeur d'âme, s'offrit à juger des coups.

— Soit, dit l'évêque ; vous recevrez pour épices les caresses du couple qui aura le mieux réussi.

Les choses ainsi convenues, tous les peignoirs et lévites

furent quittés ; le prélat prit la fraîche Valbouillant, dont le mari choisit la jeune Laure, et j'eus en partage ma gentille Babet, tantôt sur mes mains, tantôt sur mes pieds ; j'avais toujours les yeux fixés sur les contours arrondis de ses jumelles appétissantes, et sur le joli bosquet qui couvrait les bords de la fontaine de Jouvence ; quelquefois, en faisant la roue, j'y collais des baisers brûlants ; le prélat était aussi enchanté des charmes antérieurs et postérieurs de la fraîche Valbouillant, qui tour à tour sur les mains, sur les pieds, à chaque repos, appuyait ses lèvres caressantes sur le *lubinis angularis* du saint pasteur. Valbouillant et la chanoinesse faisaient la double roue avec la même ardeur ; nous fîmes trois fois le tour de la grotte en dedans, et nous nous arrêtâmes en trois couples aux pieds de la signora Magdalani, soit dessus, soit dessous nos belles, et profitant de l'attitude, nous répétions la scène voluptueuse du jeune Saturnin avec madame d'Inville.

Ce fut Babet et moi que la belle Magdalani reçut dans ses bras, couchée sur le côté, et Babet ceignant un supplément le glissa à l'endroit que fait admirer Vénus Callipyga. Les autres, se groupant autour de nous, cherchèrent le plaisir dans des attitudes variées au gré de leurs caprices ; pour moi, cueillant avec ma langue amoureuse le miel de la volupté entre les dents entrouvertes de la belle Magdalani, de ma main passée sur sa cuisse, j'atteignis le sommet du joli buisson de l'espiègle Babet au-dessous du simulacre qu'elle avait introduit dans le sentier étroit et détourné de la déesse que nous servions, les caresses de mon doigt ranimèrent son zèle, elle mit plus d'activité dans ses mouvements.

Ah ! Dieu, s'écria la signora, quelle volupté, quelle ivresse... je fonds !

Et elle m'inonda ; je ne ralentis pas mes efforts.

— Ciel ! s'écria-t-elle, je brûle, mon ardeur ne fait que

s'accroître par la jouissance, ah ! que ne puis-je aussi baiser cette adorable Babet qui me donne tant de plaisirs.

— Si vous voulez, nous allons troquer de poste, elle et moi ?

— Volontiers, mon divin ami.

En un instant l'échange fut fait, ce fut le supplément qui remplit l'échange frayé, et je me plongeai dans le sentier. Que son dos était blanc, uni et potelé, que la chute de ses reins était arrondie, quelle fermeté, quelle fraîcheur, les épaules les plus fines, les bras de la plus belle forme, les mains les mieux effilées ; mes lèvres brûlantes parcouraient ces charmants contours, pendant que mes mains pressaient amoureusement son beau sein et se trouvaient pressées par l'ivoire de celui de Babet, qui recevait des attouchements lascifs de la belle Magdalani une ivresse égale à celle qu'elle procurait. Nos transports devinrent trop vifs pour pouvoir les prolonger, notre bonheur fut au comble, nous perdîmes en même temps nos forces et nous restâmes quelques instants sans mouvement à jouir de notre abandon voluptueux. L'évêque et Valbouillant nous versèrent à chacun un verre de vieux vin d'Alicante, qui répara nos forces, et nous étant rhabillés, nous engageâmes Valbouillant à nous raconter quelqu'une de ses aventures, en attendant que l'heure du dîner nous rappelât au château.

« J'avais vingt ans, dit-il ; j'étais capitaine de dragons, et mon régiment, cantonné dans la Lorraine, y goûtait toutes les douceurs dont ce charmant pays abonde ; dans la petite ville où ma troupe était en quartier, habitait la jeune épouse d'un vieil officier général qui était en tournée pour une inspection dont le gouvernement l'avait chargé ; elle était musicienne, chantait bien, jouait agréablement la comédie, dansait avec grâce et légèreté ; cette conformité de talents la disposait en ma faveur et me faisait désirer de me lier avec elle ; je l'accompagnai avec mon violon dans une ariette italienne, et mes applaudissements parurent la flatter ; je demandai et j'obtins la permission de lui faire ma cour chez elle, mais la présence d'une vieille belle-sœur, qui restait toujours au salon, me gênait dans l'aveu que je voulais lui faire de ma tendresse ; elle s'en aperçut, sourit malicieusement, mais elle n'éloignait pas le témoin importun. Je lui donnai des billets, des vers passionnés, elle les recevait, en paraissant satisfaite, mais elle n'y répondait jamais. Vous savez que je suis ardent, et même impatient, et j'avais peine à supporter cet état ; je m'ennuyais de rester toujours au même point. Pour en sortir et pouvoir m'expliquer librement sans la compromettre, je supposai un voyage que je devais faire à Nancy, où elle avait des parents, je m'offris de me charger de ses dépêches et je demandai qu'elle me permît de venir le lendemain les prendre à son lever.

— Vous êtes bien obligeant, me dit-elle, mais je ne sais si j'y dois consentir, je suis extrêmement paresseuse et je fais ma toilette tard, et vous me verriez trop à mon désavantage.

— Ah ! madame, quand on doit tout à la nature, c'est l'art seul qui peut nuire, et je ne vous trouverai que trop charmante dans l'heureux désordre du matin.

— Vous croyez ?... Moi j'en doute et j'exige pour prix de ma complaisance que vous me disiez, sans déguisement, si je perds beaucoup à me laisser sans parure : venez sur les dix heures, mes lettres seront prêtes.

Un coup d'œil d'intelligence dont elle accompagna ce propos remplit mon cœur de l'espoir le plus doux. Le lendemain, ponctuel au rendez-vous, j'arrive, je m'adresse à Marton, sa suivante, pour être introduit.

— Madame, me dit-elle, n'a pas dormi de la nuit, elle a eu une migraine affreuse, elle est encore couchée.

— Dieux, m'écriai-je, encore couchée, une migraine, quel contretemps, je m'étais flatté du bonheur de la voir.

— Elle s'en flattait aussi.

— Et il faut que je me retire...

— Je ne dis pas cela ; si vous voulez monter, vous êtes le maître, mais ne faites pas de bruit, parlez bas de peur d'ébranler sa tête.

Alors elle sort, je la suis et je monte sur la pointe du pied ; elle ouvre la chambre de sa maîtresse, m'introduit, se retire et emporte la clef. À la faible clarté que laissaient pénétrer les persiennes aux trois quarts fermées, j'aperçus la belle Adèle, mollement étendue sur un lit élégant ; un corset négligemment noué par une échelle de rubans gris de lin renfermait à demi la neige élastique de son sein, son mouchoir transparent, dérangé par les mouvements de la nuit, laissait voir une fraise vermeille ; ses cheveux, s'échappant de dessous un bonnet en dentelle, tombaient en boucles flottantes sur son cou d'ivoire avec lequel leur couleur d'ébène contrastait merveilleusement ; une légère couverture de soie avec draps de Frise, se collant sur son beau corps, en dessinait les agréables contours. Je m'approchai d'elle avec tout l'empressement de l'amour et de la timidité qu'inspire le respect (j'étais novice encore).

— Ah ! c'est vous, monsieur, me dit-elle d'une voix qu'elle s'efforçait de faire paraître faible ; convenez que j'ai bien peu de coquetterie de vous recevoir dans l'état d'abattement où je me trouve.

— Ah ! madame, il ajoute le plus vif intérêt à l'ivresse que vos charmes sont sûrs d'inspirer.

— Vous me flattez, voyez comme j'ai les yeux battus.

Je saisis sa main que je couvris de baisers, et fixant ses yeux soi-disant battus :

— Ce n'est pas le cas, lui dis-je, où les battus payent l'amende, mon cœur qu'ils ravissent en est la preuve.

Et je dérobai un baiser.

— Finissez donc, monsieur, n'abusez pas de la confiance que j'ai dans votre sagesse.

Et elle se débattit avec une charmante maladresse qui me découvrit de nouveaux charmes.

— Si quelqu'un entrait, qu'est-ce qu'on penserait. Marton ! Marton ! comment, elle n'est pas là ?... elle est redescendue l'imprudente... mais si quelque autre... elle a emporté la clef. Ah ! comme je la gronderai !... quelle idée lui a pris ! en vérité, elle me met dans une position bien étrange.

— Elle vous met à même de me rendre le plus heureux des hommes, si vous êtes sensible à l'amour le plus tendre.

Et je voulus prendre quelques libertés.

— Ah ! monsieur, il serait atroce d'abuser de la faiblesse où me jette ma migraine ; je suis presque mourante, et vous... laissez-moi donc, je sens bien votre main.

— Oh ! l'heureuse migraine ! qu'elle vous sied bien ! elle ajoute encore à votre fraîcheur.

— Ah ! quelle audace ! je suis presque toute découverte... arrêtez... je ne suis pas femme à souffrir...

Je n'écoutais plus rien et mes mains actives parcouraient les plus rares trésors ; j'avais déjà un genou dans le lit et j'allais m'élancer pour le partager avec elle, quand me repoussant et se retournant vivement, elle saisit le cordon de la sonnette ; effrayé et craignant de l'offenser, je fis un saut du lit à la cheminée pour réparer le désordre de ma toilette, en cas que ses gens arrivassent et je proférai selon l'usage, les mots : d'ingrate, de cruelle, etc., quand, partant d'un éclat de rire, elle dit :

— Bon, je suis sauvée, il ne sait pas que ma sonnette est rompue.

Je ne fis qu'un saut pour aller reprendre ma place dans le lit ; elle ne fit plus de résistance que pour la forme, j'usai d'autorité, elle se soumit à l'impérieuse nécessité, et bientôt nos soupirs confondus exprimèrent la vivacité de nos plaisirs. À peine eus-je atteint le but, que je fournis une nouvelle carrière, et avant de nous séparer je la rendis six fois heureuse et je l'avais été cinq. J'obtins le nom de son aimable dragon, et elle me remit une clef de son appartement dont je faisais usage toutes les nuits jusqu'à ce que de nouveaux ordres nous firent quitter ces délicieuses contrées.

Nous applaudîmes au récit de Valbouillant, et ils exaltèrent sa valeur ; la signora Magdalani lui demanda quelles limites il croyait qu'on devait fixer aux exploits amoureux.

— Je ne puis les assigner avec précision, et des traits comme les vôtres sont bien faits pour les reculer.

— Cela est bien honnête, mais quel est le plus grand effort que vous ayez fait ?

— C'est à Bruxelles, dit-il, je revenais de l'armée, j'avais fait une longue abstinence, et je m'adressai à un honnête domestique de louage, qui m'avait servi de bonneau, lors de mon dernier voyage ; il me fit connaître une danseuse, nommée Aurore, qui ne pouvait pas me recevoir chez elle, étant entretenue par un vieil officier autrichien fort jaloux, mais qui vint souper avec moi chez un traiteur. Nous n'avions pour meuble qu'un grand fauteuil à crémaillère, comme il s'en trouve quelquefois dans le corps de garde ; je convins de deux louis pour la soirée : nous fîmes un assez bon repas, on nous servit plat à plat, et nous faisions un entracte sur le fauteuil à chaque mets qu'on nous enlevait, et en quatre heures et demie nous avions mangé neuf plats, et aucun entracte n'avait manqué ; aussi la généreuse fille voulait-elle me rendre mon argent.

L'évêque s'écria :

— Voilà le désintéressement le plus marqué, ou le triomphe du tempérament sur l'avarice ; il contraste merveilleusement avec le désespoir de la vieille Sara.

— La grosse marchande de plaisir ? dit Valbouillant.

— Précisément.

L'approche de sa main allait me rendre ma gloire, quand

la cloche du dîner nous rappela dans la salle à manger. Le repas fut gai, l'évêque y établit une table mécanique comme celle que Louis XV, de lubrique mémoire, avait fait faire à Choisy, pour éloigner des yeux des domestiques le cynisme de ses orgies ; au dessert, sur l'avis de l'évêque, renonçant aux pompes humaines, nous quittâmes tous les ornements de luxe, et nous achevâmes le repas en peau, de la manière que Ravennes nous dit qu'il s'en faisait chez le régent.

Ici se trouve une lacune très longue dans le manuscrit de cette édifiante et véridique histoire ; si nous pouvons la combler, nous nous hâterons d'en faire part au public.

FIN

LE RIDEAU LEVÉ
ou
L'Éducation de Laure

Lettre de Sophie
au
chevalier d'Olzan

Je t'envoie, cher chevalier, un petit manuscrit gaillard. Tu aurais de la peine à t'imaginer où je l'ai pris. C'est une bagatelle sortie d'une jolie main de mon sexe, et c'est un délassement badin adressé dans un cloître. Comment un tel bréviaire se put-il introduire parmi les guimpes d'une religieuse ? C'est ce que mes yeux eurent de la peine à me persuader. Rien n'est cependant plus vrai, cher chevalier, et c'était un présent digne de sa destination. L'amour n'est point étranger dans ces lieux : le sentiment constitue le naturel du beau sexe ; la sensibilité forme la principale partie de son essence ; la volupté exerce un empire vainqueur sur ces êtres délicats. À ces dispositions originaires, qu'on joigne les effets échauffants d'une imagination exaltée dans la retraite et l'oisiveté, on trouvera la raison de cette fureur intestine qui nous maîtrise dans les couvents.

C'est ainsi que les femmes de ces pays où les hommes jaloux les tiennent prisonnières, trouvent si précieuses des jouissances dont l'idée habituelle qu'elles en ont n'est point contrebalancée par d'autres objets de dissipation.

Dans la société, un tumulte de soins et de plaisirs énerve les passions, au lieu de les concentrer ; l'éclat séduisant d'une vaine coquetterie entraîne les femmes les plus sensuelles : l'amour impétueux reste en partage à la solitude obscure et mélancolique. Il n'est donc pas étonnant que les mystères consignés ici se soient glissés dans une cellule, pour en occuper tendrement les loisirs.

Ton absence me rendait tout le monde à charge, et ma sœur la religieuse me sollicitait d'aller passer quelques jours avec elle : je me suis rendue à son envie. Ah ! Cher ami, que je suis pénétrée, quoique sa sœur, des tourments qu'elle doit endurer ! Elle a le cœur tendre, l'esprit vif, le goût délicat ; elle possède les grâces et la beauté ; elle s'est trouvée cloîtrée avant de se connaître. À sa place, que je serais malheureuse, moi qui ai moins qu'elle de droits au bonheur ! Elle attendait avec impatience une amie qui devait bientôt la rejoindre. Dès le premier jour, elle m'en parla avec des transports d'une tendresse inouïe : elle me la dépeignait avec des couleurs tout à fait animées ; elle tournait sans cesse la conversation sur cet objet intéressant. Elle reçut de sa part un coffret très joli ; il était plein de petits ustensiles et de chiffons propres à une religieuse. Il attira les regards, selon l'usage, des bonnes mères tourière et supérieure, toutes plus curieuses ordinairement que rusées.

Une découverte précieuse leur échappa. Ma sœur m'ayant laissée seule, la curiosité me prit à mon tour. Je m'aperçus que le fond était bien épais pour une si petite boîte ; en effet, il se trouva double, et il renfermait le petit détail que je t'envoie. J'en ai secrètement tiré copie dans les heures de prière de ma recluse. Puisse la lecture que te procure la main de ton amante te dérober des moments aux belles de Paris ! Ton absence me tue. Rapporte-moi, cher chevalier, ton cœur et ma vie, ainsi que ce joli manuscrit : nous le relirons ensemble[1].

1. Le chevalier d'Olzan y a substitué d'autres noms, et l'a fait imprimer, sans toucher au style ; il a pensé que la plume d'une femme ne pouvait être que mal taillée par la main d'un homme.

Laure à Eugénie

Loin de moi, imbéciles préjugés ! il n'y a que les âmes craintives qui vous soient asservies ! Eugénie, accablée d'ennui dans sa solitude, exige de sa chère Laure ce petit amusement tendre : il n'y a plus rien qui puisse me retenir.

Oui, ma chère Eugénie, ces moments délicieux, dont je t'ai quelquefois entretenue dans ton lit ; ces transports des sens, dont nous avons cherché à répéter les plaisirs dans les bras l'une de l'autre ; ces tableaux de ma jeunesse, dont nous avons voulu réaliser la volupté, eh bien ! pour te satisfaire, je vais, sous des traits ressemblants, les retracer ici.

Tout ce que j'ai fait et pensé dès ma plus tendre enfance, tout ce que j'ai vu et ressenti, va reparaître sous tes yeux. Je ferai renaître dans toi ces sensations vives, ces mouvements précieux, dont l'ivresse a tant de charmes. Mes expressions seront vraies, naturelles et hardies ; j'oserai même dessiner de ma main des figures dignes du sujet et de tes désirs enflammés ; je ne crains pas de manquer d'énergie. Eugénie, c'est toi qui m'inspires et qui m'échauffes. Tu es ma Vénus et mon Apollon ; mais garde, chère amie, que ma confidence échappe de tes mains ; souviens-toi que tu es dans le sanctuaire de l'imbécillité ou de la dissimulation : celles même des religieuses qui sont dans la bonne foi, ont un zèle mille fois moins à craindre que celles qui goûtent, sous un voile hypocrite, la volupté la plus exquise et la plus raffinée. Tu ne serais que criminelle aux yeux des unes, et les autres crieraient hautement à l'infamie.

Le bonheur des femmes aime partout l'ombre et le mystère, mais la crainte et la décence donnent du prix à leurs plaisirs. Cet ouvrage-ci ne doit jamais voir le jour : il n'est point fait pour les yeux du vulgaire ; il serait indigne de la franchise d'une femme, car son impertinente crédulité lui donne de l'horreur pour la nudité des productions de la nature.

Tu ne le croirais pas, ma chère Eugénie, c'est que les hommes, même les plus libres, nous envient jusqu'aux privautés de l'imagination. Ils ne veulent nous permettre que des plaisirs qu'ils nous départissent. Nous ne sommes à leurs yeux que des esclaves, qui ne devons rien tenir que de la main du maître qui nous a subjuguées. Tout est pour eux ou doit se rapporter à eux ; ils deviennent des tyrans dès qu'on ose diviser leurs plaisirs ; ils sont jaloux, si l'on ose s'envisager à son tour. Égoïstes, ils prétendent l'être seuls, et que personne ne le soit.

Dans les plaisirs qu'ils prennent avec nous, il en est peu qui pensent à nous les faire partager ; il y en a même qui cherchent à s'en procurer en nous tourmentant et en nous faisant éprouver des traitements douloureux. À quelles bizarreries leur extravagance ne les porte-t-elle pas ? Leur imagination ardente, fougueuse et remplie d'écarts, s'éteint avec la même facilité qu'elle s'allume ; leurs désirs licencieux, sans frein, inconstants et perfides, errent d'un objet vers l'autre. Par une contradiction perpétuelle avec leurs sentiments, ils exigent que nous ne jouissions pas des privilèges qu'ils se sont arrogés, nous, dont la sensibilité est plus grande, dont l'imagination est encore plus vive et plus inflammable par la nature de notre constitution.

Ah ! les cruels qu'ils sont ! ils veulent anéantir nos facultés, tandis que notre froideur insipide ferait leur tourment et leur malheur. Quelques-uns, à la vérité, suivent une ligne écartée du tourbillon ordinaire, mais il serait toujours imprudent de nous dévoiler à leurs yeux.

Cet ouvrage ne serait pas moins déplacé devant ces êtres engourdis que l'amour ne peut émouvoir : je parle de ces femmes flegmatiques que les empressements des hommes aimables ne peuvent exciter, et de ces graves personnages que la beauté ne peut réveiller ; il en existe, Eugénie, de ces animaux indéfinis, parés du titre fastueux de virtuose ou de philosophe, livrés à l'effervescence d'une bile noire, aux vapeurs sombres et malfaisantes de la mélancolie, qui fuient le monde dont ils sont méprisés : ces gens-là, comme la vieillesse inutile, blâment amèrement tous les plaisirs dont ils sont déchus.

Il en est d'autres, au contraire, d'un tempérament fougueux, mais que les préjugés de l'éducation et la timidité ont enthousiasmés pour le nom d'une vertu dont ils ne connurent jamais l'essence ; ils détournent les éjaculations naturelles de leur cœur, pour en diriger les élans vers des êtres fantastiques. L'amour est un dieu profane qui ne mérite pas leur encens, et si, sous le nom d'hymen, ils lui sacrifient quelquefois, ils deviennent des fanatiques qui, sous le titre d'honneur, déguisent leur dure jalousie. C'est pour eux un blasphème que d'exprimer l'amour.

Ainsi, ma chère Eugénie, il ne faut choquer personne : gardons nos confidences libertines pour nous égayer dans le particulier ; c'est à toi seule que je veux ouvrir mon cœur, c'est uniquement pour toi que je ne couvrirai d'aucune gaze les tableaux que je mettrai sous tes yeux : ils seront cachés pour les autres, ainsi que les libertés que nous avons prises ensemble.

Il n'y a que l'amitié ou l'amour qui puissent arrêter des regards de complaisance sur les objets licencieux que ma plume et mes crayons vont tâcher d'exprimer.

Éducation de Laure

Je sortais de ma dixième année ; ma mère tomba dans un état de langueur qui, après huit mois, la conduisit au tombeau. Mon père, sur la perte duquel je verse tous les jours les larmes les plus amères, me chérissait : son affection, ses sentiments si doux pour moi, se trouvaient payés, de ma part, du retour le plus vif.

J'étais continuellement l'objet de ses caresses les plus tendres ; il ne se passait point de jour qu'il ne me prît dans ses bras, et que je ne fusse en proie à des baisers pleins de feu.

Je me souviens que ma mère lui reprochant un jour la chaleur qu'il paraissait y mettre, il lui fit une réponse dont je ne sentis pas alors l'énergie ; mais cette énigme me fut développée quelque temps après :

« De quoi vous plaignez-vous, madame ? Je n'ai point à en rougir : si c'était ma fille, le reproche serait fondé ; je ne m'autoriserais pas même de l'exemple de Loth ; mais il est heureux que j'aie pour elle la tendresse que vous me voyez : ce que les conventions et les lois ont établi, la nature ne l'a pas fait ; ainsi, brisons là-dessus... »

Cette réponse n'est jamais sortie de ma mémoire. Le silence de ma mère me donna dès cet instant beaucoup à penser sans parvenir au but ; mais il résulta de cette discussion et de mes petites idées que je sentis la nécessité de m'attacher uniquement à lui, et je compris que je devais tout à son amitié. Cet homme, rempli de douceur, d'esprit, de connaissances et de talents était formé pour inspirer le sentiment le plus tendre.

J'avais été favorisée de la nature : j'étais sortie des mains de l'amour. Le portrait que je vais faire de moi, chère Eugénie, c'est d'après lui que je le trace. Combien de fois m'astu redit qu'il ne m'avait point flattée : douce illusion dans laquelle tu m'entraînes, et qui m'engage à répéter ce que je lui ai entendu dire souvent ! Dès mon enfance, je promettais une figure régulière et prévenante ; j'annonçais des grâces, des formes bien prises et dégagées, la taille noble et svelte ; j'avais beaucoup d'éclat et de blancheur. L'inoculation avait sauvé mes traits des accidents qu'elle prévient ordinairement ; mes yeux bruns, dont la vivacité était tempérée par un regard doux et tendre, et mes cheveux, d'un châtain cendré, se mariaient avantageusement. Mon humeur était gaie, mais mon caractère était porté, par une pente naturelle, à la réflexion.

Mon père étudiait mes goûts et mes inclinations : il me jugea ; aussi cultivait-il mes dispositions avec le plus grand soin. Son désir particulier était de me rendre vraie avec discrétion ; il souhaitait que je n'eusse rien de caché pour lui : il y réussit aisément. Ce tendre père mettait tant de douceur dans ses manières affectueuses, qu'il n'était pas possible de s'en défendre. Ses punitions les plus sévères se réduisaient à ne me point faire de caresses, et je n'en trouvais point de plus mortifiantes.

Quelque temps après la perte de ma mère, il me prit dans ses bras :

« Laurette, ma chère enfant, votre onzième année est révolue ; vos larmes doivent avoir diminué, je leur ai laissé un terme suffisant ; vos occupations feront diversion à vos regrets : il est temps de les reprendre. »

Tout ce qui pouvait former une éducation brillante et

recherchée partageait les instants de mes jours. Je n'avais qu'un seul maître, et ce maître c'était mon père : dessin, danse, musique, sciences, tout lui était familier.

Il m'avait paru facilement se consoler de la mort de ma mère ; j'en étais surprise, je ne pus enfin me refuser de lui en parler :

« Ma fille, ton imagination se développe de bonne heure ; je puis donc dès à présent te parler avec cette vérité et cette raison que tu es capable d'entendre. Apprends donc, ma chère Laure, que dans une société dont les caractères et les humeurs sont analogues, le moment qui la divise pour toujours est celui qui déchire le cœur des individus qui la composent et qui répand la douleur sur leur existence ; il n'y a point de fermeté ni de philosophie, pour une âme sensible, qui puisse faire soutenir ce malheur sans chagrin, ni de temps qui en efface le regret ; mais quand on n'a pas l'avantage de sympathiser les uns avec les autres, on ne voit plus la séparation que comme une loi despotique de la nature à laquelle tout être vivant est soumis. Il est d'un homme sensé, dans une circonstance pareille, de supporter comme il convient cet arrêt du sort, auquel rien ne peut le soustraire, et de recevoir avec sang-froid et une tranquillité modeste, absolument dégagée d'affectation et de grimaces, tout ce qui le soustrait aux chaînes pesantes qu'il portait.

« N'irai-je pas trop loin, ma chère fille, si, dans l'âge où tu es, je t'en dis davantage ? Non, non, apprends de bonne heure à réfléchir et à former ton jugement, en le dégageant des entraves du préjugé, dont le retour journalier t'obligera sans cesse d'aplanir le sillon qu'il tâchera de se tracer dans ton imagination. Représente-toi deux êtres opposés par leur humeur, mais unis intimement par un pouvoir ridicule, que des convenances d'état ou de fortune, que des circonstances qui promettaient en apparence le bonheur, ont déterminés ou subjugués par un enchantement momentané, dont l'illusion se dissipe à mesure que l'un des deux laisse tomber le masque dont il couvrait son caractère naturel : conçois combien ils seraient heureux d'être séparés. Quel avantage pour eux s'il était possible de rompre une chaîne qui fait leur tourment et imprime sur leurs jours les chagrins les plus cuisants, pour se réunir à des caractères qui sympathisent avec eux ! Car, ne t'y trompe pas, ma Laurette, telle humeur qui ne convient pas à tel individu s'allie très bien avec un autre, et l'on voit régner entre eux la meilleure intelligence, par l'analogie de leurs goûts et de leur génie ; en un mot, c'est un certain rapport d'idées, de sentiments, d'humeur et de caractère qui fait l'aménité et la douceur des unions ; tandis que l'opposition qui se trouve entre deux personnes, augmentée par l'impossibilité de se séparer, fait le malheur et aggrave le supplice de ces êtres enchaînés contre leur gré !

— Quel tableau ! quelles images ! Cher papa, tu me dégoûtes d'avance du mariage. Est-ce là ton but ?

— Non, ma chère fille ; mais j'ai tant d'exemples à ajouter au mien, que j'en parle avec connaissance de cause, et pour appuyer ce sentiment si raisonnable, et même si naturel, lis ce que le président de Montesquieu en dit dans ses *Lettres persanes*, à la cent-douzième. Si l'âge et des lumières acquises te mettaient dans le cas de le combattre par les prétendus inconvénients qu'on voudrait y trouver, il me serait facile de les lever et de donner les moyens de les parer ; je pourrais donc te rendre compte de toutes les réflexions que j'ai faites à ce sujet, mais ta jeunesse ne me met pas à même de m'étendre sur un objet de cette nature. »

Mon père termina là.

C'est à présent, tendre amie, que tu vas voir changer la scène. Eugénie ! chère Eugénie ! passerai-je outre ? Les cris que je crois entendre autour de moi soulèvent ma plume, mais l'amour et l'amitié l'appuient : je poursuis.

Quoique mon père fût entièrement occupé de mon éducation, après deux ou trois mois je le trouvai rêveur, inquiet ; il semblait qu'il manquât quelque chose à sa tranquillité. Il avait quitté, depuis la mort de ma mère, le séjour où nous demeurions, pour me conduire dans une grande ville, et se livrer entièrement aux soins qu'il prenait de moi ; peu dissipée, j'étais le centre où il réunissait toutes ses idées, son application et toute sa tendresse.

Les caresses qu'il me faisait, et qu'il ne ménageait pas, paraissaient l'animer ; ses yeux en étaient plus vifs, son teint plus coloré, ses lèvres plus brûlantes. Il prenait mes petites fesses, il les maniait, il passait un doigt entre mes cuisses, il baisait ma bouche et ma poitrine. Souvent il me mettait totalement nue, et me plongeait dans un bain : après m'avoir essuyée, après m'avoir frottée d'essences, il portait ses lèvres sur toutes les parties de mon corps, sans en excepter une seule ; il me contemplait ; son sein paraissait palpiter, et ses mains animées se reposaient partout : rien n'était oublié. Que j'aimais ce charmant badinage et le désordre où je le voyais ! mais au milieu de ses plus vives caresses, il me quittait et courait s'enfermer dans sa chambre.

Un jour, entre autres, qu'il m'avait accablée des plus ardents baisers, que je lui avais rendus par mille et mille aussi tendres, où nos bouches s'étaient collées plusieurs fois, où sa langue même avait mouillé mes lèvres, je me sentis tout autre. Le feu de ses baisers s'était glissé dans mes veines ; il m'échappa dans l'instant où je m'y attendais le moins ; j'en ressentis du chagrin. Je voulus découvrir ce qui l'entraînait dans cette chambre, dont il avait poussé la porte vitrée, qui formait la seule séparation qu'il y avait entre elle et la mienne. Je m'en approchai, je portai les yeux sur tous les carreaux dont elle était garnie, mais le rideau, qui était de son côté, développé dans toute son étendue, ne me laissa rien apercevoir, et ma curiosité ne fit que s'en accroître.

Le surlendemain de ce jour, on lui remit une lettre qui parut lui faire plaisir. Quand il en eut fait lecture :

« Ma chère Laure, vous ne pouvez rester sans gouvernante ; on m'en envoie une qui arrivera demain : on m'en fait beaucoup d'éloges, mais il est nécessaire de la connaître pour juger s'ils ne sont point outrés. »

Je ne m'attendais nullement à cette nouvelle ; je t'avoue, chère Eugénie, qu'elle m'attrista : sa présence me gênait déjà, sans savoir pourquoi, et sa personne me déplaisait, même avant de l'avoir vue.

En effet, Lucette arriva le jour qu'elle était annoncée. C'était une grande fille très bien faite, entre dix-neuf et vingt ans : belle gorge, fort blanche, d'une figure avenante, sans être jolie ; elle n'avait de régulier qu'une bouche très bien dessinée, des lèvres vermeilles, des dents petites, d'un bel émail et parfaitement rangées. J'en fus frappée d'abord. Mon père m'avait appris à connaître une belle bouche, en me félicitant cent fois sur cet avantage. Lucette unissait à cela un excellent caractère, beaucoup de douceur, de bonté, et une humeur charmante. Mon amitié, malgré ma petite prévention, se porta bientôt vers elle, et j'ai eu lieu de m'y attacher fortement. Je m'aperçus que mon père la reçut avec une satisfaction qui répandit la sérénité dans ses yeux.

L'envie et la jalousie, ma chère, sont étrangères à mon cœur, rien ne me paraît plus mal fondé ; d'ailleurs, ce qui fait les désirs des hommes ne tient souvent pas à notre beauté ni à notre mérite : ainsi, pour notre propre bonheur, laissons-les libres, sans inquiétude. Il y en a dont l'infidélité est souvent un feu léger, qu'un instant voit disparaître aussitôt qu'il a brillé. S'ils pensent, s'ils réfléchissent, bientôt on les voit revenir auprès d'une femme dont l'humeur douce et agréable les met dans l'impossibilité de vivre sans elle ; s'ils ne pensent pas, la perte est bien faible. Eh ! quelle folie de s'en tourmenter !

Je ne raisonnais pas encore avec autant de sagacité ; cependant je ne sentais point de jalousie contre Lucette : il est vrai que ses amitiés, ses caresses, et celles que mon père continuait de me faire la bannissaient loin de moi. Je n'apercevais de différence que dans la réserve qu'il observait lorsque Lucette était présente, mais je donnais cette conduite à sa prudence. Un temps se passa de cette manière, pendant lequel je m'aperçus enfin de ses attentions pour elle. Toutes les occasions qui pouvaient s'en présenter, il ne les laissait point échapper ; cependant mon affection pour Lucette fut bientôt d'accord avec celle de mon père.

Lucette avait désiré coucher dans ma chambre, et mon père s'y était prêté. Le matin, à son réveil, il venait nous embrasser ; j'étais dans un lit à côté d'elle. Cet arrangement et le prétexte de venir me voir lui donnaient la facilité de s'amuser avec nous, et de faire à Lucette toutes les avances qu'il pouvait hasarder devant moi. Je voyais bien qu'elle ne le rebutait pas, mais je ne trouvais pas qu'elle répondît à ses empressements comme je l'aurais fait et le désirais d'elle ; je ne pouvais en concevoir la raison. Je jugeais par moi-même, et je croyais qu'en aimant avec tant de tendresse ce cher papa, tout le monde devait avoir mon cœur, penser et sentir comme moi ; je ne pus me refuser de lui en faire des reproches :

« Pourquoi, ma bonne, n'aimez-vous pas mon papa, lui qui paraît avoir tant d'amitié pour vous ? Vous êtes bien ingrate ! »

Elle souriait à ces reproches, en m'assurant que je les lui faisais injustement : en effet, cet éloignement apparent ne tarda pas à se dissiper.

Un soir, après le repas, nous rentrâmes dans la pièce que j'occupais ; il nous présenta de la liqueur. Une demi-heure était à peine écoulée que Lucette s'endormit profondément ; il me prit alors entre ses bras, et, m'emportant dans sa chambre, il me fit mettre dans son lit. Surprise de cet arrangement nouveau, ma curiosité fut à l'instant réveillée. Je me relevai un moment après, et courus d'un pas léger à la porte vitrée, où j'écartai le bord du rideau. Je fus bien étonnée de voir toute la gorge de Lucette entièrement découverte. Quels seins charmants ! Deux demi-globes d'une blancheur de neige, du milieu desquels sortaient deux fraises naissantes, d'une couleur de chair plus animée, reposaient sur sa poitrine ; fermes comme l'ivoire, ils n'avaient de mouvement que celui de sa respiration. Mon père les regardait, les maniait, les baisait et les suçait : rien ne la réveillait. Bientôt il lui ôta tous ses habits, et la porta sur le bord du lit qui était en face de la porte où j'étais. Il releva sa chemise : je vis deux cuisses d'albâtre, rondes et potelées, qu'il écarta ; j'aperçus alors une petite fente vermeille, garnie d'un poil fort brun ; il l'entrouvrit, il y posa les doigts, en remuant la main avec activité : rien ne la tirait de sa léthargie. Animée par cette vue, instruite par l'exemple, j'imitai sur la mienne les mouvements que je voyais. J'éprouvai une sensation qui m'était inconnue.

Mon père la coucha dans le lit et vint à la porte vitrée pour la fermer. Je me sauvai, et courus m'enfoncer dans celui où il m'avait mise. Aussitôt que j'y fus étendue, profitant des lumières que je venais d'acquérir, et réfléchissant sur ce que j'avais vu, je recommençai mes frottements. J'étais tout en feu ; cette sensation que j'avais éprouvée s'augmenta par degrés et parvint à une telle énergie, que mon âme, concentrée dans le milieu de moi-même, avait quitté toutes les autres parties de mon corps pour ne s'arrêter que dans cet endroit : je tombai, pour la première fois, dans un état inconnu, dont j'étais enchantée.

Revenue à moi, quelle fut ma surprise, en me tâtant au même endroit, de me trouver toute mouillée ! J'eus dans le premier instant une vive inquiétude, qui se dissipa par le souvenir du plaisir que j'avais ressenti et par un doux sommeil qui me retraça pendant la nuit, dans des songes flatteurs, les agréables images de mon père caressant Lucette. J'étais même encore endormie quand il vint le lendemain me réveiller par ses embrassements, que je lui rendis avec usure.

Depuis ce jour, ma bonne et lui me parurent de la meilleure intelligence, quoiqu'il ne restât plus le matin si longtemps près de nous. Ils n'imaginaient pas que je fusse au fait de rien, et, dans leur sécurité, ils se faisaient dans la journée mille agaceries qui étaient ordinairement le prélude des retraites qu'ils allaient souvent faire ensemble dans sa chambre, où ils restaient assez longtemps. J'imaginais bien qu'ils allaient répéter ce que j'avais déjà vu ; je ne poussais pas alors mes idées plus loin ; cependant je mourais d'envie de jouir encore du même spectacle. Tu vas juger, ma chère, du violent désir qui me tourmentait ; il était enfin arrivé cet instant où je devais tout apprendre !

Trois jours après celui dont je viens de te rendre compte, voulant, à quelque prix que ce fût, satisfaire mon désir envieux, lorsque mon père fut sorti et ma bonne occupée, j'imaginai de mettre une soie au coin du rideau, et de la faire passer par le coin opposé d'un des carreaux ; cet arrangement préparé, je ne tardai pas à en profiter. Le lendemain, mon père, qui n'avait sur lui qu'une robe de taffetas, entraîna Lucette, qui était aussi légèrement vêtue : ils prirent le soin de fermer exactement la porte et d'arranger le rideau, mais j'avais vaincu tous les obstacles, et mon expédient me réussit au moins en partie. Ils n'y eurent pas été deux minutes, qu'impatiente, je fus à la porte et soulevai faiblement le rideau : j'aperçus Lucette ; ses tétons étaient entièrement découverts ; mon père la tenait dans ses bras, et la couvrait de ses baisers, mais tourmenté de désirs, bientôt jupes, corset, chemise, tout fut à bas. Qu'elle me parut bien dans cet état ! et que j'aimais à la voir ainsi ! La fraîcheur et les grâces de la jeunesse étaient répandues sur elle. Chère

Eugénie, la beauté des femmes a donc un pouvoir bien singulier, un attrait bien puissant, puisqu'elle nous intéresse aussi ! Oui, ma chère, elle est touchante, même pour notre sexe, par ses belles formes arrondies, le satiné et le coloris brillant d'une belle peau ! Tu me l'as fait ressentir dans tes bras, et tu l'as éprouvé comme moi.

Mon père fut aussitôt dans un état pareil à celui où il avait mis Lucette : cette vue m'attacha par sa nouveauté ; il l'emporta sur un lit de repos que je ne pouvais découvrir. Dévorée par ma curiosité, je ne ménageai plus rien, je levai le rideau, jusqu'à ce que je pusse les voir entièrement. Rien ne fut soustrait à mes regards, puisque rien ne gênait leurs plaisirs. Lucette, couchée sur lui, les fesses en l'air, les jambes écartées, me laissait apercevoir toute l'ouverture de sa fente, entre deux petites éminences grasses et rebondies.

Cette situation que je devais au hasard, semblait prise pour satisfaire entièrement ma curieuse impatience. Mon père, les genoux élevés, présentait plus distinctement à mes yeux un vrai bijou, un membre gros, raide, entouré de poils à la racine, où pendait une boule au-dessous ; le bout en était rouge, et à demi couvert d'une peau qui paraissait pouvoir se baisser davantage. Je le vis entrer dans la fente de Lucette, s'y perdre, et reparaître tour à tour. Ils se baisaient avec des transports qui me firent juger des plaisirs qu'ils ressentaient ; enfin, je vis cet instrument ressortir tout à fait, le bout totalement découvert, rouge comme le carmin, et tout mouillé, jetant une liqueur blanche, qui, s'élançant avec impétuosité, se répandit sur les fesses de Lucette. Conçois, chère Eugénie, dans quelle situation je me trouvais moi-même, ayant sous mes yeux un pareil tableau ! Vivement émue, emportée par des désirs que je n'avais pas encore connus, je tâchai au moins de participer à leur ivresse ; chère amie, que ce retour sur mes jeunes années est encore agréable pour moi !

Enfin, l'attrait du plaisir me retint trop longtemps dans mon embuscade, et mon imprudence me trahit. Mon père, qui jusque-là avait été trop hors de lui pour penser à ce qui l'entourait, vit, en se dégageant des bras de Lucette, le coin du rideau levé ; il m'aperçut ; il s'enveloppa dans sa robe, en s'approchant de la porte ; je me retirai avec précipitation ; il vint examiner le rideau, et y découvrit ma manœuvre ; il se fixa près de la porte pendant que Lucette se rhabillait. Voyant qu'il restait, je m'imaginai qu'il n'avait rien aperçu ; curieuse de ce qu'ils faisaient encore dans cette chambre, je retournai au carreau : quelle fut ma surprise quand j'y vis le visage de mon père ! La foudre tombée sur moi ne m'eût pas causé plus de frayeur. Mon stratagème n'avait pas entièrement réussi ; le rideau n'avait pu redescendre de lui-même, comme je m'en étais flattée ; cependant, il ne fit semblant de rien dans cet instant. J'avais aperçu que Lucette était déjà rhabillée ; il revint avec elle, et l'envoya veiller à l'ordre de la maison.

Je me trouvai seule avec lui ; il s'approcha pour examiner l'ouvrage que j'avais eu à faire ; juge, ma chère, à quel point il en était ! J'étais pâle et tremblante. Quel fut mon étonnement quand ce cher papa me prit dans ses bras, et me donna cent baisers !

« Rassure-toi, ma chère Laurette. Qui peut t'inspirer la terreur où je te vois ? Ne crains rien ma chère fille, tu sais la manière dont j'ai toujours agi vis-à-vis de toi ; je ne te demande rien que la vérité ; je désire que tu me regardes plutôt comme ton ami que comme ton père. Laure, je ne suis que ton ami ; je veux qu'en cette qualité tu sois sincère avec moi ; ma Laure, je l'exige aujourd'hui ; ne me déguise rien, et dis-moi ce que tu faisais pendant que j'étais avec Lucette, et pourquoi l'arrangement singulier de ce rideau ? Sois vraie, je t'en conjure, et sans détour, tu n'auras pas lieu de t'en repentir, mais si tu ne l'es pas, tu me refroidis pour toi, et tu peux compter sur un couvent. »

Le nom de cette retraite m'avait toujours effrayée. Que je la connaissais peu ! Je mettais alors une différence totale à être renfermée dans ce séjour ou à être chez mon père ; d'ailleurs je ne pouvais pas douter qu'il ne fût assuré que j'avais tout vu, et je m'étais enfin toujours si bien trouvée de ne lui avoir jamais caché la vérité, que je ne balançai point à lui rendre compte de tout ce qui m'était connu depuis l'instant où il m'avait emportée, lorsque ma bonne était endormie, jusqu'à celui auquel il venait de me surprendre.

Chaque détail que je lui faisais, chaque tableau que je retraçais, loin d'allumer sa colère, était payé par des baisers et des caresses ; je balançais néanmoins à lui dire que je m'étais procuré des sensations aussi nouvelles pour moi qu'elles m'avaient paru délicieuses, mais il en eut le soupçon.

« Ma chère Laurette, tu ne me dis pas tout encore ; — et passant sa main sur mes fesses, en me baisant, — achève, tu ne dois ni ne peux rien me cacher ; rends-moi compte de tout. »

Je lui avouai que je m'étais procuré, par un frottement semblable à celui que je lui avais vu faire à Lucette, un plaisir des plus vifs, dont j'avais été toute mouillée, et que je l'avais répété trois ou quatre fois depuis ce jour-là.

« Mais, ma chère Laure, voyant ce que j'enfonçais à Lucette, cela ne t'a-t-il pas donné l'idée de t'enfoncer le doigt ?

— Non, cher papa, je n'en ai pas seulement eu la pensée.

— Prends garde, Laure, de m'en imposer ; tu ne peux me cacher ce qui est ; viens me faire voir si tu as été sincère.

— De tout mon cœur, cher papa, je ne t'ai rien déguisé. »

Il me donna pour lors les noms les plus tendres ; nous passâmes dans sa chambre ; m'étendant sur le lit de repos, il me troussa et m'examina avec beaucoup d'attention, puis entrouvrant un peu les bords de ma fente, il voulut y mettre le petit doigt ; la douleur qu'il me faisait, annoncée par mes plaintes, l'arrêta.

« Elle est tout enflammée, ma chère enfant ; je vois cependant que tu ne m'as pas trompé ; sa rougeur vient sans doute du frottement auquel tu t'es amusée pendant que j'étais avec Lucette. »

J'en convins, et je lui avouai même que je n'avais pu me procurer le plaisir que je cherchais. La sincérité de ma bouche fut récompensée d'un baiser de la sienne ; il la porta même et fit frétiller sa langue sur un endroit qui en éprouvait une sensation délicieuse : ce genre de caresse me parut neuf et divin, et pour porter l'enchantement à son comble, le membre que j'avais vu parut à mes yeux ; je le pris involontairement d'une main, et de l'autre j'écartai tout à fait la robe de mon père : il me laissa faire.

Je tenais et voyais enfin de près le bijou charmant que j'avais déjà si bien distingué entre les cuisses de Lucette. Que je le trouvais aimable et singulier ! Je sentis dès ce moment qu'il était le véritable mobile des plaisirs. Cette peau, qui haussait et baissait par les mouvements de ma main, en couvrait le bout ; mais quelle fut ma surprise lorsque, après quelques moments de ce badinage, je le vis répandre la liqueur dont les fesses de ma bonne avaient été inondées. Il y mêlait des transports et des redoublements de caresses que je partageais. Le plaisir produisait en moi l'effet le plus vif. Bientôt il passa dans mes sens, et y mit une émotion indicible ; sa langue continuait son exercice ; j'étais suffoquée.

« Ah ! cher papa !... holà ! je me meurs ! »

Je me pâmai dans ses bras.

Depuis ce temps, tout fut pour moi une source de lumières ; ce que je n'avais pas conçu jusqu'alors se développa dans l'instant. Mon imagination s'ouvrit entièrement ; elle saisissait tout ; il semblait que l'instrument que je touchais fût la clef merveilleuse qui ouvrit tout à coup mon entendement. Je sentis alors cet aimable papa me devenir plus cher, et ma tendresse pour lui prendre un accroissement incroyable : tout son corps fut livré au plaisir de mes mains ; mes baisers et mes caresses sans nombre se succédaient sans interruption, et le feu qu'ils excitaient dans lui m'animait à les multiplier.

Il me ramena dans ma chambre, où ma bonne revint quelques instants après. Je ne prévoyais pas ce qu'il allait lui dire.

« Lucette, il est désormais inutile que nous nous gênions pour Laure : elle en sait autant que nous ! »

Et il lui répéta tout ce que je lui avais détaillé, en lui montrant le jeu du rideau. Elle en parut affectée, mais je me jetai à son cou, et mes caresses, unies aux raisons dont il la tranquillisa, dissipèrent le petit chagrin qu'elle avait témoigné. Il sortit et revint une heure après avec une femme qui, dès qu'elle fut entrée, me fit déshabiller et prit sur moi la mesure d'une sorte d'ajustement dont je ne pouvais concevoir ni la forme ni l'usage.

Quand l'heure de se coucher fut venue, il me mit dans le lit de Lucette, en la priant de veiller sur moi : il nous laissa ; mais l'inquiétude le ramenant bientôt près de nous, il se mit dans le même lit. J'étais entre elle et lui ; il me tenait embrassée, et couvrant de sa main l'entre-deux de mes cuisses, il ne me laissait pas y porter la mienne. Je pris alors son instrument qui me causa beaucoup de surprise, en le trouvant mou et pendant. Je ne l'avais point encore vu dans cet état, m'imaginant au contraire qu'il était toujours gros, roide et relevé ; il ne tarda pas à reprendre dans ma main la fermeté et la grosseur que je lui connaissais.

Lucette, qui s'aperçut de nos actions, étonnée de sa conduite, ne pouvait la concevoir, et me fit beaucoup de peine par ses propos :

« La manière, monsieur, dont vous agissez avec Laurette, a lieu de me surprendre. Vous, monsieur, son père !

— Oui et non, Lucette ; c'est un secret que je veux bien confier à votre discrétion et à celle de Laure, qui y est assez intéressée pour le garder ; il est même nécessaire, par les circonstances, de vous en faire part à l'une et à l'autre. Il y avait quinze jours que je connaissais sa mère quand je l'épousai. Je découvris, dès le premier jour, l'état où elle était ; je trouvai qu'il était de la prudence de n'en rien faire paraître. Je la menai dans une province éloignée, sous un nom de terre, afin qu'on ne pût rassembler les dates. Au bout de quatre mois, Laure vint au monde, jouissant de la force et de la santé d'un enfant de neuf mois bien accomplis. Je restai six mois encore dans la même province, et je les ramenai toutes deux au bout de ce terme. Vous voyez à présent, l'une et l'autre, que cette enfant qui m'est devenue si chère n'est pas ma fille suivant la nature. Absolument étrangère pour moi, elle n'est ma fille que par affection ; le scrupule intérieur ne peut donc exister, et toute autre considération m'est indifférente, à part la prudence. »

Je me souvins aussitôt de la réponse qu'il avait faite à ma mère ; le silence qu'elle observa dans ce moment ne me parut plus extraordinaire ; je le dis à Lucette dont l'étonnement cessa d'abord :

« Mais comment donc en avez-vous agi vis-à-vis de votre épouse, lorsque cet événement fut à votre connaissance ?

— Tout simplement ; j'ai vécu toujours avec elle d'une manière indifférente, et je ne lui en ai jamais parlé que la seule fois dont Laure vient de vous rendre compte ; encore, y avait-elle donné lieu. Le comte de Norval, à qui elle doit le jour, est un cavalier aimable, bien fait, et d'une figure intéressante, doué des qualités qui plaisent aux femmes ; je ne fus point étonné qu'elle se fût livrée à son penchant ; cependant, elle ne put l'épouser, ses parents ne le trouvant pas assez riche pour elle ; mais si Laure ne m'est rien par le sang et la nature, la tendre affection que j'ai conçue pour cette aimable enfant me la fait regarder comme ma fille et me la rend peut-être plus chère. Néanmoins, cet événement fut cause que je n'approchai jamais de sa mère, me sentant pour elle une opposition que sa fausseté fit naître, et que je n'ai pu vaincre, d'autant plus que son caractère et son humeur ne faisaient que l'augmenter ; ainsi je ne tiens à ma chère Laurette que par les liens du cœur, ayant trouvé en elle tout ce qui pouvait produire et m'inspirer l'attachement et l'amitié les plus tendres. »

Ma bonne m'embrassa et me fit cent caresses qui dénotaient que le scrupule de ses préjugés était enfin totalement effacé : je les lui rendis avec chaleur. Je pris ses tétons que je trouvais si jolis, je les baisai, j'en suçai le bout. Mon père passa la main sur elle ; il rencontra la mienne, qu'il prit ; il me la promena sur le ventre de Lucette, sur ses cuisses. Sa peau était d'un velouté charmant ; il me la porta sur son poil, sur sa motte, sur sa fente : j'appris bientôt le nom de toutes ces parties.

Je mis mon doigt où je jugeai bien que je lui ferais plaisir. Je sentis dans cet endroit quelque chose d'un peu dur et gonflé.

« Bon ! ma Laure, tu tiens l'endroit sensible ; remue la main, et ne quitte pas son clitoris, tandis que je mettrai mon doigt dans son petit conin. »

Lucette me serrait entre ses bras, me caressait les fesses ; elle prit le vit de mon papa, le mit entre mes cuisses, mais il n'enfonçait ni ne s'agitait. Bientôt ma bonne ressentit l'excès du plaisir ; ses baisers multipliés, ses soupirs nous l'annoncèrent :

« Holà ! holà ! vite Laurette !... chère amie, enfonce... Ah ! je décharge !... Je me meurs !... »

Que ces expressions de volupté avaient de charme pour

moi. Je sentis son petit conin tout mouillé ; le doigt de mon papa en sortit tout couvert de ce qu'elle avait répandu. Ah ! chère Eugénie, que j'étais animée !

Je pris la main de Lucette, je la portai entre mes cuisses ; je désirais qu'elle fît pour moi ce que je venais de faire pour elle, mais mon papa, couvrant de sa main ma petite motte, arrêta ses mouvements, suspendit mes desseins. Il était trop voluptueux pour n'être pas ménagé des plaisirs : il modérait ses désirs. Il suspendit mon impatience, et nous recommanda d'être tranquilles. Nous nous endormîmes entre les bras les uns des autres, plongés dans la plus agréable ivresse. Je n'avais pas encore passé de nuit qui me plût autant.

Nous étions au milieu des caresses du réveil, lorsque mon père fit ouvrir à cette femme qu'il avait fait venir la veille. Quels furent ma surprise et mon chagrin lorsqu'elle mit sur moi un caleçon de maroquin doublé de velours qui, me prenant au-dessus des hanches, ne descendait qu'au milieu des cuisses. Tout était assez lâche et ne me gênait point ; la ceinture seulement me prenait juste la taille, et avait des courroies, semblables au caleçon, qui passaient par-dessus mes épaules et étaient assemblées en haut par une traverse pareille qui tenait de l'une à l'autre. On pouvait élargir tout cet assemblage, autant qu'on le jugeait à propos. La ceinture était ouverte par-devant, cette ouverture se prolongeant plus de quatre doigts au-dessous. Le long de l'ouverture, il y avait des œillets des deux côtés, dans lesquels mon père passa une petite chaîne de vermeil délicatement travaillée, qu'il ferma d'une serrure à secret :

« Ma chère Laure, aimable enfant, ta santé et ta conservation m'intéressent : le hasard t'a instruite sur ce que tu ne devais savoir qu'à dix-huit ans ; il est nécessaire que je prenne des précautions contre tes connaissances et contre un penchant que tu tiens de la nature et de l'amour ; tu apprendras du temps à m'en savoir gré, et tout autre moyen ne serait point d'accord avec ma façon de penser et avec mes desseins. »

Je fus d'abord très fâchée, et je ne pouvais cacher l'humeur que j'en avais ; mais j'ai trop bien appris depuis combien je lui en devais de reconnaissance.

Il avait prévu à tout. Au bout de ce caleçon était une petite gondole d'argent, dorée en dedans, qui était de la largeur de l'entre-deux de mes cuisses ; toute ma petite motte y était renfermée ; elle se prolongeait en élargissant par une plaque qui s'étendait quatre doigts au-dessous de mon petit conin, et elle se terminait en pointe arrondie jusqu'au trou de mon cul, sans aucune incommodité. Elle était fendue en long, et cette fente s'ouvrait et se refermait par des charnières à plat, en écartant ou resserrant les cuisses : un canal d'anneaux à charnières plates, de même métal, y était attaché et me servait de conduit. Ce caleçon avait un trou rond, assez grand, vis-à-vis de celui de mon cul, qui me laissait la liberté de faire toutes les fonctions nécessaires sans l'ôter, mais il m'était impossible d'introduire le doigt dans mon petit conin, et encore moins de le branler, point essentiel que mon père voulait éviter, et dont la privation me faisait le plus de peine.

J'ai pensé bien des fois depuis, ma chère, qu'on ferait bien d'employer quelque chose de semblable pour les garçons, afin d'éviter les épuisements où ils se plongent avant l'âge ; car, de quelque façon qu'on veille sur eux, la société qu'ils ont ensemble ne leur apprend que trop, et trop tôt, la manière de s'y livrer.

Pendant quatre ou cinq années qui se sont écoulées depuis ce jour-là, tous les soirs mon père ôtait lui-même ce caleçon ; Lucette le nettoyait avec soin, et me lavait : il examinait s'il me blessait, et il me le remettait. Depuis ce moment, jusqu'à l'âge de seize ans, je ne le quittai pas. Durant tout ce temps, mes talents s'accrurent et j'acquis des lumières dans tous les genres. Une curiosité naturelle me faisait désirer d'apprendre les raisons de tout ; chaque année voyait augmenter mes connaissances et je ne cessais de chercher à en acquérir. Je m'étais accoutumée à l'emprisonnement où j'étais, et la perspective de sa fin m'avait rendu supportable le temps où j'y étais condamnée ; je m'étais fait une raison sur cette nécessité, d'autant plus aisément qu'elle ne m'empêchait pas de jouir des caresses que je faisais, ou de celles dont j'étais témoin, puisque j'avais mis ma bonne et mon papa dans le cas de n'être pas gênés par ma présence.

Parmi toutes les questions que je lui faisais, je n'oubliais guère celle où je trouvais le plus d'intérêt. Plus j'avançais en âge, plus la nature parlait en moi, avec d'autant plus de force que leurs plaisirs l'animaient vivement ; aussi lui demandais-je souvent sur quelles raisons était fondée la nécessité de la contrainte où il me tenait, et quel était le sujet des précautions qu'il avait prises vis-à-vis de moi. Il m'avait toujours renvoyée à un âge plus avancé.

J'étais enfin dans ma seizième année, lorsqu'il me donna la solution de cette demande :

« Puis-je donc à la fin, cher papa, savoir quelles sont les causes qui vous ont engagé à me faire porter ce fâcheux caleçon, puisque vous m'assurez avoir autant de tendresse pour moi que pour votre Lucette ? Ma bonne est plus heureuse que moi, ou vous m'aimez moins qu'elle : expliquez-moi donc aujourd'hui les vues qui vous y ont déterminé ?

— Cette même tendresse, cette même affection, je l'ai pour toi ; ma chère fille, je ne te regarde plus comme une enfant ; tu es à présent dans l'âge où l'on peut t'instruire à peu près de tout, et peut-être le dois-je encore plus avec toi.

« Apprends donc, ma Laurette, que la nature chez l'homme travaille à l'accroissement des individus jusqu'à quinze ou seize ans. Ce terme est plus ou moins éloigné, suivant les sujets, mais il est assez général pour ton sexe ;

cependant il n'est dans le complément de sa force qu'à dix-sept ou dix-huit ans. Dans les hommes, la nature met plus de temps à acquérir sa perfection. Lorsqu'on détourne ses opérations par des épanchements prématurés et multipliés d'une matière qui aurait dû servir à cet accroissement, on s'en ressent toute la vie, et les accidents qui en résultent sont les plus fâcheux. Les femmes, par exemple, ou meurent de bonne heure ou restent petites, faibles et languissantes, ou tombent dans un marasme, un amaigrissement qui dégénèrent en maux de poitrine, ou elles privent leur sang d'un véhicule propre à produire leurs règles dans l'âge ordinaire et d'une manière avantageuse, ou elles sont enfin sujettes à des vapeurs, à des crispations de nerfs, à des vertiges, ou à des fureurs utérines, à l'affaiblissement de la vue et au dépérissement ; elles terminent leurs jours dans un état quelquefois fort triste. Les jeunes gens essuient des accidents à peu près semblables : ils traînent des jours malheureux, s'ils ne meurent prématurément. »

Cet affreux tableau, chère Eugénie, m'effraya, et m'engagea à lui témoigner ma reconnaissance de son amitié et de ses soins en mettant de bonne heure obstacle au penchant que je me sentais pour le plaisir et la volupté. La vie me paraissait agréable, et, quelque goût que j'eusse pour le plaisir, je ne voulais point l'acheter, lui disais-je, aux dépens de mes jours et de ma santé :

« Je l'ai reconnu d'abord en toi, ma chère Laurette, ce penchant ; je savais que dans l'âge où tu étais, toutes les raisons du monde ne pourraient t'en détourner ; c'est ce qui m'a fait prendre des précautions que tu n'as pu vaincre, et que je n'ai pas dessein de lever encore. Il serait même avantageux qu'elles pussent être mises en usage pour toutes sortes de jeunes gens que des circonstances imprévues ou des personnes imprudentes ont malheureusement instruits beaucoup trop tôt. »

La frayeur d'une santé délabrée, la crainte d'une mort prématurée se présentaient vivement à mon imagination ; cependant, ce que je lui avais vu faire à Lucette, la manière dont il vivait avec elle suspendait en quelque sorte l'énergie de ses images, la force et l'effet de ses raisons ; je ne pus me refuser à lui faire part de mes doutes :

« Pourquoi donc, cher papa, ne prenez-vous pas avec ma bonne les mêmes précautions qu'avec moi ? Pourquoi lui procurez-vous souvent, au contraire, ce que vous me refusez entièrement ?

— Mais, ma fille, fais donc attention que Lucette est dans un âge absolument formé ; qu'elle n'abandonne que le superflu de son existence ; que c'est le temps où elle peut nourrir dans son sein d'autres êtres et que dès cet instant elle a plus qu'il ne faut pour la conservation du sien, ce qui s'annonce si bien par l'exactitude de ses règles. Il ne faut pas te cacher non plus, ma chère Laurette, que chez elle une trop grande quantité de semence retenue, en refluant dans son sang, y porterait le feu et le ravage, ou en stagnant dans les parties qui la séparent du reste des humeurs, pourrait se corrompre ou embarrasser la circulation ; elle serait exposée, peut-être, à des accidents aussi dangereux que ceux de l'épuisement : tels sont les vapeurs, les vertiges, la démence, les accès frénétiques et autres. N'en voit-on pas des exemples fâcheux dans certains monastères où le cagotisme règne en despote, et où rien ne soulage les malheureuses recluses qui n'ont pas l'esprit de se retourner ?

« L'extravagance monacale a inventé de mêler dans leurs boissons des décoctions de nénuphar ou des infusions de nitre, en vue de détourner les dispositions d'une nature trop active ; mais, pris un certain temps, ces palliatifs deviennent sans effet ou détruisent tellement l'organisation de l'estomac et la santé de ces prisonnières, qu'il leur en survient des flueurs blanches, des défaillances, des oppressions et des douleurs internes pendant le peu de temps qu'il leur reste à vivre. Il y a même de ces endroits où la sottise est portée au point de traiter de même leurs pensionnaires, et souvent elles sortent de ces maisons ou cacochymes, ou avec le genre nerveux attaqué, ou hors d'état de produire leur espèce, soit par la destruction des germes, soit par l'inertie où cet usage a plongé les forces de la nature et l'esprit vital, et c'est à quoi les parents qui chérissent leurs enfants ne font pas assez attention.

« Apprends encore, ma chère Laure, qu'à un certain âge la fougue du tempérament commence à s'éteindre, ce qui arrive plus tôt chez les uns que chez les autres, par une disposition et qualité différentes des liqueurs qui sont en nous, ou par une diminution de sensibilité dans les organes : cette semence, alors refluée dans le sang, se tourne en embonpoint, qui quelquefois devient monstrueux par la suppression totale des épanchements, et ces individus, loin d'être propres à l'union des sexes, y sont même indifférents, et ne conçoivent presque plus comment on peut y être sensible.

« Mais, ma chère enfant, dans l'âge où le superflu commence à s'annoncer, où le feu du tempérament est un ardent brasier, si l'on s'en dégage avec la prudence qu'il est nécessaire de conserver, loin de nuire à sa santé, loin de faire tort à sa beauté, on entretient l'une et l'autre dans toute sa vigueur et dans toute la fraîcheur qu'elles peuvent avoir. Cependant, ma Laurette, il y a bien de la différence dans les moyens : une femme entre les bras d'un homme est bien plus animée par la différence du sexe ; combien l'est-elle plus à proportion du goût qu'elle a pour lui ? Elle l'est même par l'approche et l'attouchement d'une personne du sien qui lui plaît ; l'imagination et la nature se prêtent avec bien plus de facilité et beaucoup moins d'efforts que si elle se procurait d'elle-même et seule ces sensations voluptueuses. Apprécie donc mieux à présent la conduite que je tiens entre Lucette et toi...

— Eh bien, cher papa, — car je vous donnerai toujours ce nom, — je me rends à des raisons si solides, et je conçois toute votre prudence ; mais à quel âge ferez-vous donc avec moi ce que vous faites avec elle ? Cet instant manque à ma félicité, puisque je ne puis remplir tous vos désirs et les satisfaire dans toute leur étendue.

— Attends, fille charmante, que la nature parle en notre faveur d'une manière intelligible. Tes tétons n'ont point encore acquis leur forme ; le duvet qui couvre les lèvres de ton petit conin est encore trop faible : à peine a-t-il porté ses premières fleurs ; attends un peu plus de force : alors, chère Laurette, enfant de mon cœur, c'est de ta tendresse que je recevrai ce présent ; tu me laisseras cueillir cette fleur que je cultive, mais attendons cet heureux instant. Ne crois pas cependant, ma chère fille, qu'à cette époque je te laisse livrée tout à fait à toi-même. Dans une constitution robuste, cet instant arrivé suffit souvent, encore est-il nécessaire de se ménager, mais dans un tempérament délicat, il faut pousser l'attention bien plus loin, et contraindre jusqu'à dix-sept ou dix-huit ans, où les femmes sont dans toute leur force, les penchants qu'elles peuvent avoir à se laisser aller aux attraits de la volupté. »

Tout ce qu'il me disait, Eugénie, s'imprimait fortement dans ma mémoire ; ses raisonnements me paraissaient appuyés sur les fondements les plus solides, et sa complaisance à répondre sans déguisement à mes questions m'engageait à lui en faire de nouvelles. Lucette, si profondément endormie la première fois que je les découvris ensemble, formait un mystère pour moi que je désirais d'éclaircir ; un jour enfin je lui en demandai la raison :

« Pourquoi, cher papa, Lucette dormait-elle si fort le premier jour que vous lui découvrîtes les tétons et que vous fîtes avec elle tout ce que vous désiriez, sans qu'elle s'éveillât ? Ce sommeil était-il feint ou réel ?

— Très réel, ma chère Laure ; mais c'est mon secret : dois-je t'en instruire ? Oui, cet exemple pourra te devenir utile pour t'en garantir. Je t'avoue que depuis longtemps le besoin me tourmentait ; j'étais souvent très animé avec toi, je ne pouvais me satisfaire ; je vis Lucette, elle me plut, et parut me convenir de toutes manières, mais voyant qu'elle reculait et balançait à se rendre à mes désirs, je pris mon parti : je lui fis avaler quinze ou vingt gouttes d'une potion dormitive dans le verre de liqueur que je lui donnai ; tu en as vu l'effet ; mais je ne me contentai pas de cela ; je redoutais le moment de son réveil, et je craignais que la surprise et la colère ne l'emportassent trop loin. Pour l'éviter, j'avais préparé d'avance une composition capable d'exciter la nature à la concupiscence : c'est ce qu'on appelle un philtre. Quand je l'eus portée dans mon lit, je revins en prendre trois ou quatre gouttes dans ma main, dont je frottai toute sa motte, son clitoris et l'entre-deux des lèvres. Cette liqueur a même la propriété d'exciter un homme affaibli et de le faire bander, s'il s'en frotte à la même dose le périnée et toutes les parties, quelque temps avant d'entrer en lice. Lucette ne fut pas une heure couchée, qu'elle s'éveilla : elle ressentait une démangeaison, une ardeur, une passion que rien ne pouvait éteindre. Elle ne parut point étonnée de me voir dans ses bras ; elle les passa autour de moi, et loin d'opposer de la résistance à mes caresses et à mes désirs, tout émue par les siens, elle écarta d'elle-même les genoux, et bientôt je goûtai les plaisirs les plus vifs, que je lui fis partager ; mais attentif aux suites qui pouvaient en arriver, au moment où je sentis la volupté prête à s'élancer comme une flamme, je me retirai et j'inondai sa motte et son ventre d'une copieuse libation que je répandis sur l'autel où je portais alors tous mes vœux.

« Depuis ce moment, Lucette s'est toujours prêtée à mes volontés, et c'est par sa complaisance, mon inattention et ta curiosité, que je ne soupçonnais pas de ton âge, que tu as découvert ce mystère ; elle ignore ce que je viens de t'apprendre, et tu dois garder ma confidence.

— Soyez-en assuré, cher papa, mais achevez-la, je vous prie, tout entière. Ne craignez-vous pas de lui faire un enfant, si vous ne vous retirez pas toujours à temps ? en est-on absolument le maître ? n'est-on pas quelquefois emporté par le plaisir, et la crainte qu'on peut avoir des suites n'en diminue-t-elle pas l'étendue et l'excès ?

— Ah ! ma fille, jusqu'où ton imagination curieuse ne va-t-elle pas ? Je vois bien que je ne dois rien te cacher. Si je ne te garantissais pas de tout événement, je ferais, sans doute, une folie de t'éclairer, mais je ne risque rien avec toi, et ta raison est au-delà de ton âge.

« Apprends donc que la semence qui n'est point dardée dans la matrice ne peut rien produire, qu'elle ne peut s'y rendre lorsqu'on intercepte le sucement qui lui est ordinaire. Cela reconnu, plusieurs femmes ont imaginé de repousser, par un mouvement interne, la semence, au moment où elles croyaient leur amant dans les délices du plaisir ; mais pour qu'elles aient cette liberté d'esprit, il ne faut pas qu'elles le partagent, privation bien dure ! Encore rien n'est-il moins assuré. Des hommes ont pensé qu'en se retirant presque à l'entrée, il n'y avait rien à craindre, mais ils se trompent, la matrice étant une pompe avide ; d'ailleurs, il y a des hommes qui, emportés par les délicieuses sensations qu'ils éprouvent, ne sont pas maîtres de se retirer à temps : l'inquiétude, la crainte des suites, diminuent ordinairement l'excès du plaisir ; mais un moment auquel on peut avoir la plus grande confiance est celui que j'emploie avec Lucette : il donne la liberté de se livrer sans inquiétude à tous les transports et au feu du plaisir.

« J'engageai donc ta bonne, depuis le jour où tu nous as découverts, à se munir, avant nos embrassements, d'une éponge fine, avec un cordon de soie délicat qui la traverse en entier et qui sert à la retirer. On imbibe cette éponge dans de l'eau mélangée à quelques gouttes d'eau-de-vie ; on l'introduit exactement à l'entrée de la matrice, afin de la boucher, et quand bien même les esprits subtils de la semence passeraient par les pores de l'éponge, la liqueur étrangère qui s'y trouve, mêlée avec eux, en détruit la puissance et la nature. On sait que l'air même suffit pour la rendre sans vertu : dès lors il est impossible que Lucette fasse des enfants.

— J'avais déjà pressenti, cher papa, l'utilité de cette éponge, mais j'en désirais l'explication, et celle que tu m'en donnes satisfait toutes mes idées.

— Je t'avoue, ma Laurette, qu'elle est un effet de ma tendresse pour toi, et c'est un aveu que je ne m'attendais pas à te faire, surtout dans un âge tendre : de pareils secrets sont propres à chasser bien loin la timidité de beaucoup de filles, que la crainte des suites retient le plus souvent. »

Je n'ai pas oublié cette découverte dans le besoin. Je t'ai déjà fait part, chère Eugénie, de cette ressource favorable et salutaire, à laquelle tu as eu assez de foi, sur ma propre expérience, pour te livrer à la tendresse et aux sollicitations de ton amant.

Telle était une partie des conversations que nous mêlions à nos plaisirs, à nos caresses et aux autres instructions qu'il me donnait, dont il avait l'art de me faire profiter sans peine. Les livres de toute espèce étaient entre mes mains, il n'y en avait aucun d'excepté, mais il dirigeait mon goût sur ceux qui traitaient des sciences, aussi loin qu'ils pouvaient convenir à mon sexe. Je veux t'en donner un échantillon et un léger précis dans une matière où je l'avais souvent questionné.

« Peux-tu concevoir, ma Laure, et fixer un point d'arrêt sur l'immensité dont notre globe est environné ? Pousse-le aussi loin que ton imagination puisse l'étendre : à quelle distance inconcevable seras-tu encore du but ! Que penses-tu qui remplisse cet espace immense ? Des éléments dont la nature et le nombre sont et seront toujours inconnus ; il est impossible de savoir s'il n'y en a qu'un seul dont les modifications présentent à nos yeux et à notre pensée ceux que nous apercevons, ou si chacun de ces éléments a une racine absolument propre, qui ne puisse être convertie en une autre. Dans une ignorance si parfaite de la nature des choses dont nous faisons tous les jours usage, il paraît ridicule que les hommes aient fixé le nombre de ces éléments : rien n'est plus digne de la sphère étroite de leurs idées, et néanmoins, à les entendre, il semble qu'ils aient assisté aux dispositions de l'Ordonnateur éternel.

« Mais enfin, qu'ils soient un ou plusieurs, l'assemblage de leurs parties forme les corps et se trouve uni dans un nombre très multiplié de globules de feu et de matière qui paraît inerte aux yeux préoccupés. Que penses-tu de ces points de feu brillants, connus parmi nous sous le nom d'étoiles ? Eh bien ! ma fille, ce sont de vastes globes enflammés, semblables à notre soleil, établis pour éclairer, échauffer et donner la vie à une multitude de globes terrestres, peut-être chacun aussi peuplé que le nôtre. Quelques-uns ont cru qu'ils étaient placés là pour nous éclairer pendant la nuit ; l'amour-propre leur fait rapporter tout à nous, afin que tout aille à eux.

« Et de quoi nous servent-ils, ces globes, quand l'air est obscurci par les nuages ou les vapeurs ? La lune paraîtrait plutôt être destinée à cet office ; elle nous éclaire dans l'absence du soleil, même à travers les parties nébuleuses qui couvrent souvent notre horizon, et cependant ce n'est pas là son unique destination : on ne peut même affirmer qu'elle n'est pas un monde dont les habitants doutent si nous existons et sont peut-être assez stupides pour se flatter de jouir seuls de la magnificence des cieux ; peut-être aussi sont-ils plus pénétrants, plus ingénieux que nous, ou pourvus de meilleurs organes, et qu'ils savent juger plus sainement des choses. Les planètes sont des terres comme la nôtre, peuplées, sans doute, de végétaux et d'animaux différents de ceux que nous connaissons, car rien dans la nature n'est semblable.

« Dans ce point de vue, et parmi cette infinité de boules de matière, que devient notre terre ? un point qui fait nombre parmi les autres ; et nous ! fourmis répandues sur cette boule, que sommes-nous donc, pour être le type, le point central et le but où se rendent les prétendues vérités dont on berce l'enfance ? »

C'est à peu près ainsi que mon père tâchait, chaque jour, de tracer dans mon esprit des impressions de philosophie. Je lui demandai un jour :

« Quel est cet Être créateur de tout, que je sentais mal défini dans les notions qu'on m'en avait données ? »

Il me dit :

« Cet Être magnifique est incompréhensible ; il est senti, sans être connu ; c'est nos respects qu'il exige ; il méprise nos spéculations. S'il existe plusieurs éléments, c'est de ses mains qu'ils sortent ; il les a créés par la puissance de sa volonté, il est donc l'âme de l'univers ; s'il n'existe qu'un élément, il ne peut être que lui-même. Connaissons-nous les bornes de son pouvoir ? N'a-t-il pas pu dépendre de lui de se transformer dans la matière que nous voyons, dont nous ne connaissons ni la nature ni l'essence ? Et ce qu'il a pu faire dans un temps, ne l'a-t-il pas pu de toute l'éternité ? C'en est assez, ma chère enfant, pour le présent ; quand tu seras dans un âge plus avancé, j'écarterai de tout mon pouvoir les voiles qui couvrent la vérité. »

Mon père se plaisait à me faire lire des livres de morale, dont nous examinions les principes, non sous la perspective vulgaire, mais sous celle de la nature. En effet, c'est sur les lois dictées par elle, et exprimées dans nos cœurs, qu'il faut la considérer. Il la réduisait à ce seul principe, auquel tout le reste est étranger, mais qui renferme une étendue considérable ; *faire aux autres ce que nous voudrions qu'on fît pour nous*, lorsque la possibilité s'y trouve, et *ne point faire aux autres ce que nous ne voudrions pas qu'on nous fît*. Tu vois, ma chère, que cette science, dont on parle tant, n'est jamais relative qu'à l'espèce humaine, et si elle n'est rien en elle-même, au moins est-elle utile à son bonheur.

Les romans étaient presque bannis de mes yeux, et il me faisait voir dans presque tous une ressemblance assez générale dans le tissu, les vues et le but, à la différence près du style, des événements et de certains caractères. Il y en avait cependant plusieurs qui étaient exceptés de cette règle ; il me donnait volontiers ceux dont le sujet était moral. Peu des autres peignent les hommes et les femmes de leurs véritables couleurs : ils y sont présentés sous le plus bel aspect. Ah ! ma chère, combien cette apparence est en général loin de la réalité : les uns et les autres vus de près, quelle différence n'y trouve-t-on pas ! Je puisais dans les voyageurs et dans les coutumes des nations un genre d'instruction qui me faisait mieux apprécier l'humanité en général, comme la société fait apercevoir les nuances des caractères.

Les livres d'histoire, qui me rendaient compte des mœurs antiques et des préjugés différents qui tour à tour ont couvert la surface de la terre, étaient ma balance. Les ouvrages de nos meilleurs poètes formaient le genre amusant, pour lequel mon goût était le plus décidé, et que j'inculquais avec empressement dans ma mémoire.

Il me remit un jour entre les mains un livre qui venait de paraître, en me recommandant d'y réfléchir :

« Lis, ma chère Laurette ; cet ouvrage est la production d'un génie dont tu as lu presque tout ce qu'il a mis à jour, et dont ta mémoire possède plusieurs morceaux, qui unit un style élevé, élégant, agréable et facile, propre à lui seul, à des idées profondes. Zadig, paré de ses mains, t'apprendra, sous l'allégorie d'un conte, qu'il n'arrive point d'événements dans la vie qui ne soient à notre disposition.

« De quelque aveuglement dont l'amour-propre et la vanité nous fascinent, sois assurée que pour un esprit attentif et réfléchi, il est d'une vérité palpable et constante que tout s'enchaîne afin de suivre un ordre fixé pour l'ensemble et pour chacun en particulier ; des circonstances imprévues forcent les idées et les actions des humains ; des raisons éloignées, et souvent imperceptibles, les entraînent dans une détermination qui presque toujours leur paraît volontaire ; elle semble venir d'eux et de leur choix, tandis que tout les y porte sans qu'ils s'en aperçoivent. Ils tiennent même de la nature des formes, le caractère et le tempérament qui concourent à leur faire remplir le rôle qu'ils ont à jouer et dont toute la marche est dessinée d'avance dans les décrets du moteur éternel.

« Si l'on peut prévoir quelques événements, ce n'est que par une perspicacité, une sagacité de vue sur la chaîne de ces circonstances qu'on ne peut cependant changer, et qui est d'une force irrésistible même pour ce qui constitue le malheur. Le plus sage est celui qui sait se prêter au cours naturel des choses. »

Pour toi, ma chère Eugénie, ton esprit facile sait se plier à tout ; ta docilité te rend heureuse, et tu sais l'être malgré les entraves mises à ta liberté ; tu savoures les plaisirs que tu inventes, sans t'inquiéter de ceux qui te manquent.

J'avançais en âge, et j'atteignis la fin de ma seizième année lorsque ma situation prit une face nouvelle : mes formes commençaient à se dessiner ; mes tétons avaient acquis du volume ; j'en admirais l'arrondissement journalier ; j'en faisais voir tous les jours les progrès à Lucette et à mon papa ; je les leur faisais baiser ; je mettais leurs mains dessus, et je leur faisais faire attention qu'ils les remplissaient déjà ; enfin, je leur donnais mille marques de mon impatience : élevée sans préjugés, je n'écoutais, je ne suivais que la voix de la nature ; ce badinage l'animait et l'excitait vivement ; je m'en apercevais :

« Tu bandes, cher papa ; viens... »

Et je le mettais entre les bras de Lucette. Je n'étais pas moins émue, mais je jouissais de leurs plaisirs. Nous vivions, elle et moi, dans l'union la plus intime ; elle me chérissait autant que je l'aimais ; je couchais ordinairement avec elle, et je n'y manquais pas lorsque mon papa était absent.

Je remplissais son rôle du mieux que je le pouvais ; je l'embrassais, je suçais sa langue, ses tétons ; je baisais ses fesses, son ventre, je caressais sa jolie motte ; je la branlais, mes doigts prenaient souvent la place du vit que je ne pouvais lui fournir, et je la plongeais à mon tour dans ces agonies voluptueuses où j'étais enchantée de la voir.

Mon humeur et mes manières lui avaient fait prendre pour moi une affection dont je ne puis, ma chère, te donner d'idée que d'après la tienne. Elle m'avait vu bien des fois, au milieu de nos caresses, violemment animée, et dans ces moments, elle m'assurait qu'elle désirait que je fusse au terme où elle pût aussi me procurer, sans danger, les mêmes plaisirs que je lui donnais. Elle souhaitait que mon papa me l'eût mis, et eût ouvert la route sur laquelle ils sont semés :

« Oui, ma chère Laure, disait-elle, quand cet instant arrivera, je projette d'en faire une fête ; je l'attends avec empressement ; mais, ma chère amie, je crois apercevoir qu'il ne tardera pas : tes tétons naissants sont presque formés ; tes membres s'arrondissent ; ta motte se rebondit ; elle est déjà toute couverte d'un tendre gazon ; ton petit conin est d'un incarnat admirable, et j'ai cru découvrir dans tes yeux que la nature veut qu'on te mette bientôt au rang des femmes ; l'année dernière, au printemps, tu vis des préludes d'une éruption qui va s'établir tout à fait. »

En effet, je ne tardai pas à me sentir plus pesante, la tête chargée, les yeux moins vifs, des douleurs de reins et des sensations d'une colique extraordinaire pour moi ; enfin, huit ou dix jours après, Lucette trouva la gondole ensanglantée ; mon père ne me la remit pas ; ils avaient pressenti l'effet de ma situation ; j'en étais prévenue. Je restai près de neuf jours dans cet état, après lesquels je redevins aussi gaie et je jouis d'une santé aussi brillante qu'auparavant.

Que j'eus de joie de cet événement ! J'en fus folle, j'embrassai Lucette :

« Ma chère bonne, que je vais être heureuse ! »

Je volai au cou de mon papa, je le couvris de mes baisers :

« Me voilà donc enfin à l'époque où tu me désirais ! Que je serai contente, si je puis faire naître tes désirs et les satisfaire ! Mon bonheur est d'être tout entière à toi ; mon amour et ma tendresse en font l'objet de ma félicité... »

Il me prit dans ses bras, il me mit sur ses genoux. Ah ! qu'il me rendait bien les caresses que je lui faisais ! Il pressait mes tétons, il les baisait, il suçait mes lèvres, sa langue venait caresser la mienne ; mes fesses, mon petit conin, tout était livré à ses mains brûlantes :

« Il est enfin arrivé, charmante et chère Laure, cet heureux instant où ta tendresse et la mienne vont s'unir dans le sein de la volupté ; aujourd'hui même, je veux avoir ton pucelage et cueillir la fleur qui vient d'éclore ; je vais la devoir à ton amour, et ce sentiment de ton cœur y met un prix infini, mais tu dois être prévenue que si le plaisir doit suivre nos embrassements et nos transports, le moment qui va me rendre maître de cette charmante rose te fera sentir quelques épines qui te causeront de la douleur.

— Qu'importe ! fais-moi souffrir, mets-moi tout en sang, si tu veux ! je ne puis te faire trop de sacrifices ; ton plaisir et ta satisfaction font l'objet de mes désirs. »

Le feu brillait dans nos yeux ; l'aimable Lucette, voulant coopérer à l'effusion du sang de la victime, ne montrait pas moins d'empressement que si elle-même eût été le sacrificateur. Ils m'enlevèrent et me portèrent dans un cabinet qu'ils avaient fait préparer pendant le temps de mon état. La lumière du jour en était absolument bannie : un lit de satin gros bleu était placé dans un enfoncement entouré de glaces. Les foyers de quatre réverbères placés dans les encoignures, adoucis par des gazes bleues, venaient se réunir sur un petit coussin de satin couleur de feu, mis au milieu, qui formait la pierre sur laquelle devait se consommer le sacrifice.

Lucette exposa bientôt à découvert tous les appas que j'avais reçus de la nature ; elle ne para cette victime volontaire qu'avec des rubans couleur de feu, qu'elle noua au-dessus de mes coudes à la ceinture, dont, comme une autre Vénus, elle marqua ma taille. Ma tête, couronnée simplement de sa longue chevelure, n'avait d'autre ornement qu'un ruban de même couleur qui la retenait. Je me jetai de moi-même sur l'autel.

Quelque parure que j'eusse auparavant portée, je me trouvais alors bien plus belle de ma seule beauté ; je me regardais dans les glaces avec une complaisance satisfaite, un contentement singulier. Je paraissais d'une blancheur éblouissante ; mes petits tétons, si jeunes encore, s'élevaient sur mon sein comme deux demi-boules parfaitement rondes, relevées de deux petits boutons d'une couleur de chair rose ; un duvet clair ombrageait une jolie motte grasse et rebondie, qui, faiblement entrouverte, laissait apercevoir un bout de clitoris semblable à celui d'une langue entre deux lèvres : il appelait le plaisir et la volupté.

Une taille fine et bien prise, un pied mignon surmonté

d'une jambe déliée et d'une cuisse arrondie, des fesses dont les pommettes étaient légèrement colorées, des épaules, un col, une chute de reins charmante et la fraîcheur d'Hébé. Non, l'amour ne m'eût rien disputé, s'il eût été de mon sexe.

Tels étaient les éloges que Lucette et mon papa faisaient à l'envi de ma personne. Je nageais dans la joie et l'ivresse de l'amour-propre. Plus je me croyais bien, plus ils me trouvaient telle, et plus j'étais enchantée que ce papa, si cher à mon cœur, eût une entière jouissance de tout ce que je possédais. Il m'examinait, il m'admirait ; ses mains, ses lèvres ardentes se portaient sur toutes les parties de mon corps ; nous avions l'un et l'autre l'ardeur de deux jeunes amants qui n'ont rencontré que des obstacles, et qui vont enfin jouir du prix de leur attente et de leur amour.

Je souhaitais vivement le voir dans l'état où j'étais ; je l'en pressai avec instance ; il y fut bientôt : Lucette le dégagea de tous ses vêtements : il me coucha sur le lit, mes fesses posées sur le coussin. Je tenais en main le couteau sacré qui devait à l'instant immoler mon pucelage. Ce vit, que je caressais avec passion, semblable à l'aiguillon de l'abeille, était d'une raideur à me prouver qu'il percerait vigoureusement la rose qu'il avait soignée et conservée avec tant d'attention.

Mon imagination brûlait de désir ; mon petit conin, tout en feu, appétait ce cher vit, que je mis aussitôt dans la route. Nous nous tenions embrassés, serrés, collés l'un sur l'autre ; nos bouches, nos langues se dévoraient. Je m'apercevais qu'il me ménageait, mais, passant mes jambes sur ses fesses, et le pressant bien fort, je donnai un coup de cul qui le fit enfoncer jusqu'où il pouvait aller. La douleur qu'il sentit et le cri qui m'échappa signalèrent sa victoire. Lucette, passant alors sa main entre nous, me branlait, tandis que de l'autre elle chatouillait le trou de mon cul. La douleur, le plaisir mélangés, le foutre et le sang qui coulaient, me firent ressentir une sublimité de plaisir et de volupté inexprimable. J'étouffais, je mourais ; mes bras, mes jambes, ma tête tombèrent de toutes parts ; je n'étais plus, à force d'être. Je me délectais dans ces sensations excessives, auxquelles on peut à peine suffire. Quel état délicieux !

Bientôt j'en fus retirée par de nouvelles caresses ; il me baisait, me suçait, me maniait les tétons, les fesses, la motte : il relevait mes jambes en l'air, pour avoir le plaisir d'examiner sous un autre point de vue, mon cul, mon con, et le ravage qu'il y avait fait. Son vit que je tenais, ses couilles que Lucette caressait, reprirent bientôt leur fermeté ; il me le remit. Le passage facilité ne nous fit plus sentir, dès qu'il fut entré, que des ravissements. Lucette, toujours complaisante, renouvela ses chatouillements, et je retombai dans l'apathie voluptueuse que je venais d'éprouver.

Mon papa, fier de sa victoire et charmé du sacrifice que mon cœur lui avait fait, prit le coussin qui était sous moi, teint du sang qu'il avait fait couler, et le serra avec le soin et l'empressement de l'amant le plus tendre, comme un trophée de sa conquête. Il revint bientôt à nous :

« Ma Laure, chère et aimable fille, Lucette a multiplié tes plaisirs : n'est-il pas juste de les lui faire partager ? »

Je me jetai à son cou, je l'attirai sur le lit ; il la prit dans ses bras et la mit à côté de moi ; je la troussai d'abord, et je la trouvai toute mouillée :

« Que tu es émue, ma chère bonne ; je veux te rendre une partie du plaisir que j'ai eu. »

Je pris la main de mon papa, je lui introduisis un de ses doigts qu'il faisait entrer et reparaître, et je la branlai. Elle ne tarda pas à tomber dans l'extase d'où je venais de sortir.

Ah ! chère Eugénie, que ce jour eut de charmes pour moi ! Je te l'avoue, tendre amie, il a été le plus beau de ma vie et le premier où j'ai connu les délices de la volupté dans leur plus haut degré. Je le rappelle encore à ma mémoire avec un saisissement de satisfaction que je ne peux te rendre, mais, en même temps, avec un cruel serrement de cœur. Faut-il que ce souvenir, qui me cause tant de plaisir et de joie, fasse naître, en même temps, les regrets les plus amers ! Écartons, pour un moment, cette image si triste pour mon âme.

Il régnait dans ce cabinet une douce chaleur ; je me trouvais si bien dans l'état où j'étais, que je ne voulus rien mettre sur moi ; j'étais d'une gaîté folle : je prétendis souper de mes seuls appas. Lucette, attentive, avait eu le soin d'écarter tous les domestiques, et de jeter un voile épais sur la malignité de leurs regards ; elle eut la complaisance d'apporter seule et de préparer tout ce qu'il fallait, et ferma les portes avec soin. Je ne fus pas contente que je ne l'eusse mise dans la situation où nous étions ; je fis voler loin d'elle tout ce qui la couvrait ; elle était charmante à mes yeux.

Nous nous mîmes à table. Mon papa était entre nous deux l'objet de nos caresses qu'il nous rendait tour à tour. Les glaces répétaient cette charmante scène ; nos grâces et nos attitudes étaient variées par les saillies qu'inspirait un vin délicat ; son coloris brillant y répandait même des nuances différentes ; nous ressentîmes bientôt les effets de sa vertu et de nos attouchements. Nos cons étaient enflammés ; son vit avait repris toute sa raideur et sa dureté. Dans un état aussi animé, aussi pressant, la table nous déplut ; nous courûmes, nous volâmes sur le lit. Dans ce jour, qui m'était uniquement consacré, je fus encore plongée dans les délices d'une volupté suprême ; il se coucha sur ma gauche, ses cuisses passées sous les miennes, qui étaient relevées ; son vit se présentait fièrement à l'entrée. Lucette se mit sur moi, ma tête entre ses genoux ; son joli con était sous mes yeux ; je l'entrouvrais, je le chatouillais, je caressais ses fesses, qui étaient en l'air ; son ventre rasait mes tétons, ses cuisses étaient entre mes bras.

Tout excitait, tout animait la flamme du désir ; elle écarta les lèvres de mon petit conin, qui était d'un rouge vif ; je l'engageai à y mettre l'éponge, pour que mon papa jouît de moi sans inquiétude, et pût décharger dedans. Il était sensible et douloureux : dès qu'on y touchait, je souffrais ; cependant, malgré cette sensation pénible, je l'endurai dans l'espérance que j'en aurais bientôt de plus agréables. Lucette conduisait le vit de mon papa dans le chemin dont elle avait écarté tous les dangers, et qui n'était plus semé que de fleurs : il s'y précipita, il s'enfonça, elle me branlait en même temps, et je lui rendais un pareil service, tandis qu'il faisait avec son doigt, dans le con de ma bonne, le même mouvement que son vit faisait dans le mien. Ces variétés, ces attitudes, cette multiplicité d'objets et de sensations dans les approches du plaisir, en augmentaient infiniment les délices. Nous le sentîmes venir à nous, mais prêt à nous échapper, comme l'éclair étincelant fuit à nos regards, nous en savourâmes au moins toute l'étendue dans un délectable anéantissement, dont la douceur et les charmes ne peuvent qu'être sentis. Nous commencions à être fatigués ; Lucette se releva, fut mettre ordre à tout, et dès qu'elle fut de retour, nous nous mîmes dans le lit, entre les bras les uns des autres, où nous passâmes une nuit préférable pour nous au jour le plus pompeux.

Hélas ! Chère Eugénie, pourquoi l'imagination va-t-elle toujours au-delà de la réalité, qui suffit seule à notre bonheur ? Je croyais que tous les jours allaient le disputer à celui qui m'avait procuré tant de plaisirs ; mais mon père, plus soigneux, plus délicat peut-être, et veillant sans interruption à ma santé, m'engagea le lendemain à reprendre ce fatal caleçon :

« Ma chère Laurette, je ne te le cache pas, je me défie de toi, de nous tous ; ton tempérament n'est pas encore assez formé pour que je t'abandonne à toi-même, et tu m'es trop chère pour que je ne cherche pas à te ménager avec toute l'attention qui peut dépendre de moi ; cependant, tu jouiras de nos caresses, tu nous en feras ; sans gêne avec toi, tu partageras, en quelque façon, nos plaisirs, et, de temps en temps, nous te réserverons une nuit pareille, que tu trouveras d'autant plus agréable que tu l'attendras avec impatience ; enfin, si tu veux me plaire, tu te prêteras à ce que je désire de toi, et tu y consentiras avec complaisance. »

C'était un moyen assuré de ne me pas faire regarder cet emprisonnement comme insupportable. Ne crois pas non plus, ma chère, que ce soit par un trait de jalousie ; tu verras bientôt le contraire. Je le laissai donc faire. Ah ! chère Eugénie, que je m'en suis bien trouvée !

Il y avait déjà près de dix-neuf mois que j'avais passé l'heureuse soirée dont je viens de te retracer le tableau, lorsque j'eus le chagrin de voir l'éloignement de Lucette. Son père, qui demeurait en province, la rappela près de lui ; une maladie dangereuse lui fit désirer ardemment son retour avant de mourir. Son départ nous causa la peine la plus sensible ; nos larmes sincères furent confondues avec les siennes ; pour moi, je ne pouvais retenir mes sanglots, qui ne furent enfin suspendus que par l'espérance et le désir qu'elle nous témoignait de revenir au plus tôt ; mais peu de temps après la mort de son père, elle tomba dans une maladie de langueur dont elle eut beaucoup de peine à se rétablir pendant plus de deux ans.

Son père lui avait laissé un bien-être qui la fit rechercher dans son canton : elle ne voulait entendre parler de qui que ce soit ; elle trouvait, suivant ses lettres, une si grande différence entre mon papa et tous ceux qui se présentaient pour elle, qu'elle en était révoltée ; enfin, elle ne voulait écouter aucune proposition de mariage, et ne soupirait qu'après son retour près de nous. Néanmoins, sollicitée par sa mère et ses autres parents, qui lui représentaient les avantages qu'elle y trouvait et le besoin que sa mère infirme avait d'elle, la complaisance arracha son consentement contre son gré, après avoir cependant consulté mon papa, en qui elle avait la plus entière confiance. Comme le parti qui s'offrait était effectivement très avantageux, il se crut obligé par ses principes de lui conseiller de l'accepter, ce qu'il fit avec une véritable répugnance, m'ayant assuré plusieurs fois qu'il avait un pressentiment de son malheur, auquel il ne voulait pourtant pas ajouter foi, le regardant comme une faiblesse ; cependant, elle mourut des suites de sa première couche.

Je regrettais souvent l'éloignement de Lucette, que je regardais comme perdue pour moi, mais je me consolais dans les bras de ce cher et tendre papa. J'avais enfin totalement quitté cet habillement secret que j'avais si souvent maudit, mais la langueur de Lucette, de quelque cause qu'elle pût venir, ajoutant du poids aux réflexions qu'il avait déjà faites et aux nouvelles dont il me faisait part, le détermina à me ménager avec plus d'attention qu'il n'en avait mis à mon égard, en me faisant sentir combien cela était nécessaire à ma constitution délicate. Je me rendais à ses raisons avec d'autant plus de facilité, que j'avais en lui la foi la plus complète. Comme il s'éloignait peu de moi, et que je couchais toujours avec lui, il me veillait et m'arrêtait souvent lorsque je cédais à mes désirs avec trop d'ardeur.

Depuis le départ de Lucette, il avait fait plusieurs changements dans son appartement : on ne pouvait plus entrer dans ma chambre qu'en passant par la sienne ; il avait répandu dans son domestique un air de sévérité, sur ce sujet, qui nous faisait quelquefois rire ensemble. Nos lits étaient appuyés contre le même mur, qu'il avait fait percer, et dans les doubles cloisons qui couvraient le fond de nos alcôves, il avait fait pratiquer des panneaux à coulisse qui s'ouvraient par un ressort que nous seuls connaissions. Il faisait emporter tous les soirs la clef de ma chambre par une femme qu'il avait prise à la place de Lucette et que nous tenions tout à fait dans le rang de domestique ; mais quand nous étions dégagés de tout incommode, je passais par des coulisses et je venais dans ses bras jouir d'un sommeil doux et tranquille que me procuraient ces nuits heureuses, suivies des jours les plus agréables.

Ce fut dans une de ces charmantes nuits qu'il me fit goûter une nouvelle sorte de plaisir, dont je n'avais pas l'idée, et que, non seulement je ne trouvai pas moins délicieux, mais encore qui me parut des plus vifs.

« Ma chère Laure, aimable enfant, tu m'as donné ta première fleur, mais tu possèdes un autre pucelage que tu ne dois ni ne peux me refuser, si je te suis toujours cher.

— Ah ! si, tu me l'es ! Qu'ai-je donc en moi, cher papa, dont tu ne puisses disposer à ton gré, et qui ne soit pas à toi ? Heureuse quand je puis faire tout ce qui peut contribuer à ta satisfaction : mon bonheur est établi sur elle !

— Fille divine, tu m'enchantes ! La nature et l'amour ont pris plaisir à former tes grâces ; partout en toi séjourne la volupté ; elle se présente avec mille attraits différents dans toutes les parties de ton corps ; dans une belle femme qu'on adore et qui paie d'un semblable retour, mains, bouche, aisselles, tétons, cul, tout est con !

— Eh bien ! choisis, tu es le maître, et je suis toute à tes désirs. »

Il me fit mettre sur le côté gauche, mes fesses tournées vers lui, et, mouillant le trou de mon cul et la tête de son vit, il l'y fit entrer doucement. La difficulté du passage levée ne nous présenta plus qu'un nouveau chemin semé de plaisirs accumulés, et soutenant ma jambe de son genou relevé, il me branlait en enfonçant, de temps en temps, le doigt dans mon con.

Ce chatouillement réuni de toutes parts avait bien plus d'énergie et d'effet ; quand il reconnut que j'étais au moment de ressentir les derniers transports, il hâta ses mouvements, que je secondai des miens. Je sentis le fond de mon cul inondé d'un foutre brûlant, qui produisit de ma part une décharge abondante ; je goûtai une volupté inexprimable ; toutes les parties sensibles y concouraient, mes transports et mes élans en faisaient une démonstration convaincante, mais je ne les devais qu'à ce vit charmant, pointu, retroussé et peu puissant, porté par un homme que j'adorais :

« Quel séduisant plaisir, chère Laurette ! Et toi, belle amie, qu'en dis-tu ? Si j'en juge par celui que tu as montré, tu dois en avoir beaucoup !

— Ah ! cher papa, infini, nouveau, inconnu, dont je ne peux exprimer les délices et dont les sensations voluptueuses sont multipliées au-delà de tout ce que j'ai éprouvé jusqu'à présent.

— En ce cas, ma chère enfant, je veux, une autre fois, y répandre plus de charme encore, en me servant, en même temps, d'un godemiché, et je réaliserai, par ce moyen, l'Y du Saint-Père.

— Papa, qu'est-ce donc qu'un godemiché ?

— Tu le verras, ma Laure, mais il faut attendre un jour. »

Le lendemain je ne lui parlai que de cela ; je voulais le voir absolument ; je le pressai tant qu'il fallut enfin qu'il me le montrât. J'en fus surprise ; je désirais qu'il m'en fît faire l'essai le soir même, mais il me remit au surlendemain. Je veux, ma chère, faire avec toi comme mon papa me fit alors ; je ne t'en ferai la description que dans une autre scène où nous le mîmes en usage. Je t'en ai parlé de vive voix et je regrettais de ne pas l'avoir dans nos caresses, où j'aurais, avec tant de plaisir, joué le rôle d'un amant tendre avec toi ; mais je ne l'oublierai sûrement pas quand j'irai retrouver ma consolation dans tes bras.

Malgré la distance qu'il mettait dans les plaisirs qu'il me procurait, il n'y avait aucune sorte de variété qu'il n'y répandît pour y ajouter de nouveaux attraits ; il m'était d'autant plus facile de les y trouver, que je l'aimais avec toute la passion dont j'étais capable. Quelquefois il se mettait sur moi, sa tête entre mes cuisses, et la mienne entre ses genoux ; il couvrait de sa bouche ouverte et brûlante toutes les lèvres de mon con ; il les suçait. Il enfonçait sa langue entre deux ; du bout il branlait mon clitoris, tandis qu'avec son doigt ou le godemiché, il animait, il inondait l'intérieur. Je suçais moi-même la tête de son vit, je la pressais de mes lèvres, je la chatouillais de ma langue, je l'enfonçais tout entière, je l'aurais avalée ! Je caressais ses couilles, son ventre, ses cuisses et ses fesses. Tout est plaisir, charmes, délices, chère amie, quand on s'aime aussi tendrement et avec autant de passion.

Telle était la vie délicieuse et enchantée dont je jouissais depuis le départ de ma chère bonne. Déjà huit ou neuf mois s'étaient écoulés, qui m'avaient paru fuir bien rapidement. Le souvenir et l'état de Lucette étaient les seuls nuages qui se montraient dans les beaux jours que je passais alors, variés par mille plaisirs, suivis de nuits qui m'intéressaient encore davantage ; je faisais consister toute ma satisfaction et ma félicité à les voir disparaître, pour employer tous les moments qu'ils me laissaient entre les bras de ce tendre et aimable papa, que j'accablais de mes baisers et de mes caresses. Il me chérissait uniquement ; mon âme était unie à la sienne ; je l'aimais à un degré que je ne puis te peindre.

Mais, chère Eugénie, que vas-tu penser de ton amie sur une confession que je ne t'ai pas encore faite ? Quelle scène nouvelle tu vas voir paraître et quel fondement peut-on faire sur soi-même ? À quel degré d'extravagance l'imagination exaltée n'entraîne-t-elle pas ? Qui peut donc répondre de ses caprices et de son tempérament ? Si le cœur est toujours le même, s'il est plein des mêmes sentiments, faut-il que des désirs violents, souvent pour un vain fantôme qu'on se crée, nous poussent au-delà du but où nous devrions nous arrêter, et nous mènent bien plus loin que nous ne devrions aller ? J'en suis un exemple frappant. Dois-je te faire cet aveu ? Oui, ne cachons rien à l'amie de mon cœur ; je rougis moins de te le dire que d'en avoir eu la folie.

Une circonstance va te la développer tout entière, et te fera voir, en même temps, la bonté, la douceur, le vif intérêt de mon père pour moi, la justesse de son esprit, la force de son âme, de son attachement et de sa complaisance ; elle me fit connaître, plus que jamais, à quel point il méritait tout mon cœur et mon amour ; aussi son image le remplira-t-elle toujours, et ne s'en effacera qu'avec ma vie.

Dans la même maison que nous occupions, végétait une bonne dévote veuve et âgée, qui ne croyait son temps bien employé qu'en passant la plus grande partie du jour à courir les églises. Elle avait trois enfants : l'aîné, débauché dans toute l'étendue de l'expression, ne fréquentait que la plus mauvaise compagnie : à peine le connaissions-nous de vue. Jouissant du bien qui lui revenait de son père, il le dissipait avec profusion.

Son frère, de beaucoup plus jeune, avait quelques mois au-dessus de seize ans lorsqu'il quitta le collège pour revenir chez sa mère. C'était un garçon beau comme on peint l'Amour, d'une humeur égale, d'un caractère fort doux. Ils avaient une sœur fort gentille, qui atteignait ses quinze ans et demi. Représente-toi, chère Eugénie, une petite brune claire, teint animé, œil vif, nez troussé, bouche agréable et vermeille, taille découplée, toute mignonne, d'une vivacité pétulante, folle autant qu'il se puisse, et, outre cela, très amoureuse, mais fine et en même temps discrète sur ce qui pouvait avoir trait à ses plaisirs. Tous les jours elle plaisantait sur les sermons que lui faisait de temps en temps sa bonne dévote de mère. J'avais lié connaissance avec elle plus particulièrement, huit ou neuf mois après le départ de

Lucette, et par cette occasion j'avais fait celle de son jeune frère, lorsqu'il revint avec elle.

Souvent ils venaient me voir et il ne se passait guère de jour que nous ne fussions ensemble. Sa mère en était d'autant plus satisfaite, qu'elle me donnait journellement pour exemple à sa fille. Il est vrai que je tenais de la nature et de l'éducation que je recevais de mon papa un air plus réservé.

Ne penses-tu pas, Eugénie, avec moi, que si dans nos usages l'amour dégrade notre réputation, l'imprudence dans le choix et dans la conduite y contribue totalement et surtout ces airs de coquetterie, ces façons libres et qui ne tiennent à rien, quoique souvent elles n'aillent pas plus loin ; tandis qu'une hypocrite, une dévote, une femme attentive au dehors, la sauvent, en jouissant sous le voile du mystère ! Mais si elles conservent leur réputation sous ces apparences, elles font bien, et mieux encore si elles ont la prudence de mettre un frein à leur langue sur la conduite des autres, modération qui détourne les curieux ou les intéressés de l'examen recherché qu'ils pourraient faire. Encore une fois, ce n'est pas dans le fait, c'est dans les manières, et par un mauvais choix, qu'on se perd.

Je m'aperçus bientôt que mon père les étudiait avec attention : il jugea Vernol et sa sœur. Il me dit que Rose en savait plus que sa nourrice ne lui en avait enseigné, et que si sur le plaisir et la jouissance elle était plus ignorante que moi, ce dont il doutait, elle avait grande disposition à en apprendre davantage, et que si j'étais curieuse de juger de ses connaissances, je pouvais l'éprouver. Les différents badinages où je l'engageais depuis me mirent à même d'en porter le même jugement ; mais il s'expliqua peu sur Vernol.

Mes talents s'étaient perfectionnés ; musicienne, pinçant la harpe avec délicatesse, chantant avec goût, déclamant avec intelligence, j'avais formé une société où j'admis Rose et Vernol. Bientôt il eut par là le moyen de me faire apercevoir la passion qu'il avait prise pour moi. Il me cherchait, il me suivait sans cesse ; les prétextes ne lui manquaient pas. Ses gestes étaient animés, remplis d'attention, de soins, de complaisance ; tout me disait qu'il n'osait prononcer ; je m'en aperçus, et lorsque j'en fus persuadée, j'en fis part à mon papa, avec ce ton et ce sourire qui annoncent la plaisanterie.

« Laure, je l'ai soupçonné dès les premiers instants ; ses yeux, son teint deviennent plus animés quand il est près de toi ; son air quelquefois embarrassé et toutes ses démarches le décèlent. Eh bien ! ma fille, avec cette connaissance de son amour pour toi, que ressens-tu pour lui ? »

Je ne m'étais pas encore consultée, ma chère Eugénie ; je n'avais pas fouillé dans les replis de mon âme, et croyant n'avoir pour Vernol que ce sentiment qu'on nomme amitié, je lui en parlai sur ce ton ; mais un sourire de mon père, en me demandant si c'était là tout, suffit pour me faire rentrer en moi, et je reconnus bientôt, en y réfléchissant, que la présence de Vernol m'animait, et que lorsqu'il n'était pas avec sa sœur, il me manquait quelque chose, car, sans y faire attention, je demandais à Rose, avec une sorte d'empressement, ce que son frère était devenu. Je ne pouvais concevoir comment je m'étais éprise d'un tel caprice, avec lequel mon cœur était si peu d'accord. Sa figure, il est vrai, me charmait ; sa douceur et ses soins en augmentaient les attraits.

À l'air de mon père, il était aisé de juger qu'il avait découvert en moi ce que je n'osais presque encore m'avouer à moi-même ; il fut quelque temps sans m'en parler. Je l'aimais toujours autant et plus, s'il était possible, que je n'avais jamais fait ; mon empressement et mon goût pour lui ne diminuaient point ; enfant de la nature et de la vérité, je n'y mettais ni politique ni dissimulation. On prétend que nous sommes naturellement fausses : je crois que cette fausseté est d'acquisition et selon l'éducation reçue.

Enfin, je me sentais capable de tout sacrifier pour ce cher et tendre père, et je pris une résolution intérieure d'éviter les poursuites et les soins de ce beau garçon. Je n'avais pu concevoir l'accord des sensations et de la fantaisie que j'éprouvais pour Vernol avec les sentiments de mon cœur pour ce tendre papa, mais la disposition où je me trouvais me fit connaître, par la suite, la différence des mouvements qui m'agitaient. Tu concevras difficilement, chère Eugénie, cette différence ; il faut l'avoir sentie pour la connaître ; bien des hommes pourraient t'apprendre à faire la distinction qui s'y trouve. Mon père voulut la juger en moi, et s'en assura, en me mettant à une épreuve à laquelle je ne m'attendais nullement :

« Laure, quelques-uns de vos amis actuels me font de la peine ; je désirerais que vous ne voyiez plus Rose ni son frère. »

Je ne balançai pas un instant, et me mettant à son cou, le serrant, le pressant contre mon sein :

« J'y consens bien volontiers, cher papa ; je te conjure même de quitter cette demeure, ou que tu me mènes à la campagne ; je ne serais plus dans le cas de me trouver avec eux. Partons dès demain, je serai bientôt prête. »

En effet, je courus préparer mon trousseau ; j'y étais occupée, lorsqu'il me rappela ; il me prit sur ses genoux, et me dit, en m'embrassant :

« Chère Laurette, je suis content de ta tendresse et de ton affection ; tes yeux secs me disent que c'est sans peine que tu veux me faire un sacrifice. Avoue-le-moi, je t'y engage, ouvre-moi ton cœur, car, sans doute, ce n'est pas la crainte qui est le principe de ta résolution ; tu n'as pas lieu d'en avoir avec moi ».

Toujours vraie, toujours sincère, je ne cherchai point à déguiser :

« Non, très assurément, cher papa, depuis longtemps la

crainte vis-à-vis de toi n'est plus entrée dans mon âme ; le sentiment seul me guide. Je conviens que Vernol a fait naître dans mon imagination une illusion, un caprice dont je ne puis me rendre compte, mais mon cœur, qui est plein de toi, n'est pas un moment indécis entre vous deux : je ne veux plus le voir.

— Non, ma chère enfant, non, j'ai désiré connaître la nature de tes sentiments pour moi, j'en suis satisfait. Vernol excite en toi des sensations que ton imagination augmente ; tu en jouiras, tu connaîtras ainsi toute ma tendresse pour toi, tu sentiras que tu ne peux cesser de m'aimer, et c'est tout ce que je désire ; va, je ne suis jaloux que de ton cœur, dont la possession m'est si chère. »

Ce trait me confondit ; une lumière vint dissiper le trouble de cette imagination fascinée, je tombai à ses genoux, tout en larmes, et mon sein palpitait ; je baisais ses mains, que j'arrosais de mes pleurs ; mes sanglots me laissaient à peine la liberté de m'exprimer :

« Tendre papa, je t'aime, je t'adore, je ne chéris que toi ; mon âme, mon cœur, tout est plein de toi ! »

Il fut touché de ma douleur ; il me releva, et me pressant à son tour, en me couvrant de baisers :

« Console-toi, trop aimable et chère enfant ; crois-tu que je ne connaisse pas la nature et ses lois invincibles ? Va, je ne suis point injuste. C'est par expérience, par comparaison et par la complaisance la plus étendue de ma part, que produit seule l'affection, l'amitié la plus tendre, que je désire être aimé de toi ; il est temps que tu apprennes à juger des différences. Je t'ai promis que tu jouirais de Vernol ; ferme dans mes principes, constant dans mes idées, je tiendrai ma parole ; d'ailleurs, il est aimable, bien fait, beau garçon, je lui dois cette justice, et si ce n'était pas pour lui que tu eusses senti ce désir, tu pourrais l'avoir éprouvé pour quelque autre qui vaudrait moins encore ; ainsi j'ai pris mon parti. »

Depuis ce jour, je me trouvai bien moins affectée pour Vernol, et si je me suis prêtée, ma chère, à tout ce que tu vas voir, ce fut par une réunion de condescendance pour ce cher papa, de curiosité et de tempérament excité, premier principe de mon désir fantastique, que je me laissai aller.

Je passai la nuit entre ses bras ; le matin, au milieu des baisers que je lui donnais à mon réveil, il me dit :

« Laurette, il faut que tu voies aujourd'hui la mère de Rose, engage-la de laisser venir sa fille passer la journée à la campagne avec toi ; en même temps préviens-la qu'elle ne soit point inquiète si elle ne revenait pas le soir, que tu pourrais, peut-être, ne la ramener que demain. Nous prétexterons que la voiture nous a manqués, et tu la garderas ici jusqu'à demain. Quand tu seras avec elle en liberté, tu pourras juger de sa façon de penser et de tout ce qu'elle sait ; elle paraît avoir de la confiance et de l'amitié pour toi ; aussitôt que tu sauras à quoi t'en tenir, tu m'en instruiras... »

Je crus de ce moment qu'il avait formé des desseins sur elle ; il ne m'en fallut pas davantage pour m'empresser, sans autre réflexion, à entrer dans ses idées et à me prêter à tout ce qu'il aurait projeté. Je soupçonnais déjà Rose d'être aussi savante que je l'étais, ou à peu près.

Tout fut conduit comme il l'avait arrangé. Elle vint ; la porte fut close à tout le monde ; nous passâmes la journée seuls dans toutes les folies que nous pûmes imaginer. Je lui faisais cent agaceries ; elle me les rendait avec usure. Je découvrais sa gorge, je faisais baiser ses tétons à mon père ; ses fesses, sa motte, son con essuyèrent mes lutineries ; je la tenais entre mes bras pour qu'il lui en fît autant ; elle riait, folâtrait et, quoique à chaque espièglerie nouvelle elle fît des demi-façons, elle se prêtait à tout ; aussi son teint était-il très animé et ses yeux étincelants.

Le souper vint, où je ne la ménageai pas ; je lui versais à plein verre, je soufflais le feu qui la brûlait déjà. Levés de table, nous recommençâmes nos folies, elle ne fit plus aucune résistance ; je la renversai le visage sur le canapé ; je troussai ses jupes, et son cul découvert nous présenta une perspective que mon papa, par un dernier coup de pinceau, aurait rendue parfaite ; il m'aidait à me venger de toutes les lutineries qu'à son tour elle m'avait fait éprouver. Je voulus juger de l'effet que produisaient ces jeux sur elle ; je la trouvai toute mouillée, et je conjecturai qu'elle avait eu bien du plaisir pendant ce folâtre badinage. Nous passâmes enfin, Rose et moi, dans ma chambre, et nous nous préparâmes à nous mettre au lit. Dès qu'elle me vit en chemise, elle me l'arracha ; je lui rendis le change, et je mis la sienne à bas ; elle m'entraîna dans le lit ; elle me baisait, elle prenait mes tétons, ma motte ; je mis aussitôt le doigt où je voyais bien qu'elle le désirait ; je ne me trompais pas : elle écarta les cuisses, et se prêta à mes mouvements.

Je voulus en savoir davantage ; je glissai mon doigt dans son con, et la facilité avec laquelle il entra me donna des lumières sur l'usage qu'elle en avait fait. Je désirais apprendre d'elle par quelle aventure elle avait perdu son pucelage. Je me préparais à la questionner, lorsque mon père entra dans la chambre, et vint nous embrasser avant de se coucher. D'un seul coup, Rose rejeta la couverture ; il ne s'attendait pas à nous voir totalement nues et nos mains placées au centre de la volupté. Elle passa les bras autour de son cou, l'attira et lui fit baiser mes tétons ; je ne fus pas en reste ; je lui fis prendre et baiser les siens ; je promenai sa main sur tout son corps, et je l'arrêtai sur sa motte. Il s'animait, mais il nous quitta brusquement, en nous souhaitant beaucoup de plaisir.

Déjà la pendule marquait dix heures, lorsque le lendemain il rentra dans ma chambre ; il nous éveilla par ses caresses et ses baisers réitérés, en nous demandant si nous avions passé une nuit agréable.

« Nous avons veillé, cher papa, longtemps après que tu nous as quittées ; tu as bien vu dans quelle humeur nous étions. »

Rose, que nos jeux avaient apaisée et le sommeil rafraîchie, rougit et mit aussitôt sa main sur ma bouche ; je la détournai :

« Non, Rose, non, tu ne me retiendras jamais de raconter à mon papa tout ce que nous avons fait et tout ce que tu m'as dit ; je ne lui cache rien, ma confiance est entière pour lui, et la tienne ne doit pas être moindre. »

Alors, passant ses bras et ses jambes autour de moi, elle me laissa continuer.

« Quand tu nous eus abandonnées, Rose, déjà vivement émue, vint baiser ma bouche, sucer mon sein ; elle m'attira sur elle, nous entrelaçâmes nos cuisses ; nos cons se frottaient ; mes tétons étaient appuyés sur les siens, mon ventre sur son ventre ; elle me demanda ma langue, et d'une main caressant mes fesses, de l'autre elle chatouillait mon clitoris, et m'invitait par le jeu de son doigt à l'imiter ; je mis le mien où elle l'attendait avec impatience, et bientôt nous ressentîmes les délices de ces amusements, mais elle ne voulut pas que mon doigt la quittât sans les avoir goûtés quatre fois avec des transports incroyables. »

Dans le temps même que je rendais compte de nos ébats, Rose, réchauffée par ce tableau, avait remis sa main entre mes cuisses, et répétait ce que je racontais. Je conçus aussitôt ce qu'elle désirait ; nous étions restées nues ; je la découvris à mon tour, je pris la main de mon papa, qui s'empara de tout ce qu'elle avait ; il n'avait sur lui que sa robe, qui s'était entrouverte par ses mouvements ; je m'aperçus, par une avance distincte et par le pavillon que faisait sa chemise, de l'effet que ses caresses produisaient sur lui ; je le fis remarquer à Rose, et je lui dis de lui ôter cette robe et de le faire mettre près de nous.

Elle se leva sans balancer, se jeta à son cou, le dépouilla dans l'instant, et l'enveloppant de ses bras, elle l'attira dans le lit. Rose, retombée sur le dos, écartait les cuisses ; j'élevai une de ses jambes sur lui et il passa l'autre entre les siennes ; par cette attitude, son vit se trouvait naturellement vis-à-vis de son con ; je le conduisais moi-même dans la route ; elle courut au-devant du charme qui l'entraînait, et par un coup de cul elle hâta l'entrée du temple au dieu qu'elle adorait. Je la branlais, elle précipitait la marche par les mouvements qu'elle y ajoutait ; et ses transports emportés, dont elle seule me donnait le modèle, nous firent connaître le plaisir excessif qu'elle ressentait.

Mon père, qui éprouvait avec quelle âpreté elle suçait son vit, n'y tenait plus ; il se hâta de se retirer, et j'achevai de faire avec ma main couler la libation qu'il craignait de verser dans le con de Rose, qui, pendant le temps qu'il y fut, éprouva cinq fois, de son aveu, les délices de la décharge. Son ventre fut inondé du foutre qu'il répandit sur elle, et qu'il lança jusque sur ses tétons. Tandis que je lui rendais ces divers offices, elle s'était emparée de mon con, elle le chatouillait ; ce petit jeu, joint à l'émotion que me causait le plaisir que je leur voyais ressentir et aux caresses que je leur faisais, me mettait dans une agitation violente. À mon tour, je désirais d'apaiser le feu qui me dévorait ; elle s'en aperçut, et passant sur ma gauche, elle prit la main de mon papa, dont elle introduisit un des doigts qu'il agitait, et par un jeu pareil à celui que j'avais employé pour elle, Rose acheva de me faire partager les doux plaisirs que nous lui avions procurés, et dont elle ressentait encore les effets pendant le service qu'elle me rendait.

Quand nous fûmes revenus dans un état plus tranquille :

« Écoute, cher papa, tu es peut-être étonné de l'habileté de Rose : je n'en étais pas moins surprise ; je l'ai engagée à m'apprendre d'où venaient ses connaissances : je vais te répéter tout son récit ; mais non, c'est de sa bouche que tu dois l'entendre, et je désire qu'elle s'y prête ; ce que tu viens de faire avec elle la met à même de ne te rien cacher et de te confier tout ce qu'elle m'a dit. »

Les baisers, les caresses furent employés pour l'y déterminer ; elle se rendit aisément.

— Eh bien ! j'y consens, et puisque j'en ai fait part à Laurette, je ne risque plus rien : les plaisirs dont nous venons de jouir ensemble me donnent lieu d'être persuadée que vous le sauriez d'elle ; ma confiance s'établit sur celle que vous me montrez, et se rapporte à mes désirs ; il vaut donc mieux que je vous le répète moi-même. »

Histoire de Rose

J'avais dix ans quand ma mère m'envoya chez une sœur qu'elle avait en province, où je passai plus de six mois. Elle n'avait qu'une fille, qui avait au moins six ans au-dessus de moi. Jusqu'à ce moment, toujours retirée chez ma mère, dont la dévotion ne permettait à personne d'approcher de nous, mes frères au collège, j'étais toujours seule, ou à l'église avec ma mère ; je ne me connaissais pas encore, mais je m'ennuyais beaucoup. J'aimais bien mieux être aux églises que de rester au logis ; car, quoiqu'elle se mît très souvent dans les coins les plus retirés, j'apercevais au moins, à la dérobée, quelque figure humaine qui attachait mes regards.

Il y avait longtemps que ma mère promettait à ma tante, qui me demandait, de m'envoyer chez elle ; je le désirais avec d'autant plus d'impatience, que je savais qu'elle ne ressemblait pas à ma mère. Une occasion survint qui l'y détermina. Mon frère aîné était menacé de la petite vérole ; elle me fit partir au plus tôt.

Ma tante et ma cousine me reçurent avec mille démonstrations d'amitié. Dans les premières caresses, Isabelle demanda que je couchasse avec elle. Je ne sais si elle ne s'en repentit pas bientôt, par la contrainte que cet arrangement lui donna dans les premiers temps. Cependant, le soir, avant de nous endormir, elle m'embrassait, et le matin je lui rendais ses caresses. Les quinze premiers jours passés, la contrainte me parut diminuer, et le soir elle retroussait nos chemises pour appuyer ses fesses contre les miennes, et me donner le baiser des quatre sœurs.

Une nuit, entre autres, que je ne pus pas m'endormir aussitôt qu'à l'ordinaire et qu'elle me croyait très enfoncée dans le sommeil, je sentis qu'elle remuait le bras avec un petit mouvement ; sa main gauche était sur le haut de ma cuisse ; je l'entendis qui haletait et poussait une respiration entrecoupée ; elle remuait doucement le derrière ; enfin elle fit un grand soupir, se tint tranquille et s'endormit. Surprise de tout cela, et n'y pouvant rien comprendre, je craignais qu'il ne lui fût arrivé quelque chose d'extraordinaire ; cependant, comme je la trouvai fraîche et gaie le lendemain, mon inquiétude cessa. Depuis ce jour, je m'aperçus qu'elle répétait tous les soirs ce même manège, auquel je ne concevais rien pour lors ; mais je ne tardai pas à en être instruite.

Ma tante avait une femme de chambre âgée tout au plus d'une vingtaine d'années. Isabelle était souvent enfermée dans sa chambre avec elle. Justine brodait parfaitement en tous genres, et ma cousine allait recevoir ses leçons ; elle ne voulait point, disait-elle, que je l'interrompe, parce que je l'empêcherais de faire les progrès qu'elle désirait ; je donnai d'abord dans ce panneau, qui cependant n'en était pas tout à fait un, puisqu'en effet elle apprenait à manier parfaitement l'aiguille. Enfin, piquée de n'être point admise en trio, et remarquant entre elles une certaine intelligence, ma curiosité fut vivement excitée. Curiosité de fille est un démon qui la tourmente : il faut qu'elle lui cède, qu'elle y succombe.

Un jour que j'étais restée seule, ma tante étant sortie avec Isabelle et Justine ayant profité de ce moment pour en faire autant, je le mis en usage pour aller dans sa chambre examiner si je ne trouverais pas quelque moyen, ou quelque ouverture de laquelle je pourrais découvrir ce qu'on pouvait y faire ; j'aperçus, au coin du lit où couchait Justine, une porte dans la ruelle, que je parvins à ouvrir à force de la secouer, et qui conduisait dans une chambre sombre, toute remplie de vieux meubles, presque jusqu'au plancher ; il n'y avait de libre qu'un passage qui conduisait à une autre porte qui donnait sur un escalier dérobé, duquel on descendait dans une petite cour, d'où l'on sortait dans une ruelle déserte et écartée.

Ma tante croyait ce quartier bien fermé ; mais si elle en avait les clefs, Justine avait trouvé le moyen d'en avoir le passage libre. Dans cette espèce de garde-meuble, il y avait, à quelque hauteur, à l'égalité du pied du lit, une ouverture qui avait été ménagée dans la muraille pour y mettre une croisée qui aurait donné du jour dans cette chambre, étant vis-à-vis les fenêtres de celle de Justine ; mais l'usage qu'on faisait de cette pièce rendant cette précaution inutile, cette ouverture était couverte par la tapisserie qui entourait la chambre de Justine.

Je m'aperçus de cette ouverture, je grimpai sur les meubles pour chercher s'il n'y aurait pas quelque trou ; n'en trouvant pas d'assez grand, je pris mes ciseaux, et je fis une ouverture suffisante pour découvrir toute la chambre, et particulièrement le lit, auquel je ne pensais guère alors. Charmée d'avoir trouvé ces moyens et dans le dessein d'en profiter, je me retirai au plus vite, en refermant la porte. J'avais remarqué que lorsque Isabelle allait dans la chambre de Justine, c'était presque aussitôt après le dîner.

Un jour, ma tante devait aller passer l'après-midi chez une de ses amies, où quelque affaire devait la retenir et où elle ne comptait nous mener ni l'une ni l'autre ; ma cousine me dit en particulier qu'elle devait apprendre ce jour-là quelques points nouveaux, et que je pouvais aller chez des voisines, ou m'occuper de mon côté, afin qu'elle ne fût point troublée ; il ne m'en fallut pas davantage.

Dès qu'on fut hors de table, je fis semblant de sortir de

la maison et d'aller dans le voisinage ; mais je remontai doucement dans la chambre de Justine, qui habillait ma tante. Je fus me renfermer dans la chambre noire, cachée parmi les meubles, l'œil attaché sur l'ouverture que j'avais agrandie. Je ne fus pas longtemps sans voir arriver ma cousine, qui prit à la main un ouvrage de broderie ; je crus alors que j'allais passer un après-midi bien ennuyeux, et je me repentis de ma curiosité que je maudissais de tout mon cœur.

Justine y vint peu de temps après avec ma tante, qui demanda où j'étais ; le cœur me palpitait ; elle lui répondit qu'apparemment j'étais allée chez des petites amies de mon âge où je me rendais quelquefois ; elle ne prit pas d'autres informations ; voyant sa fille occupée, elle s'en fut, et je les vis toutes deux examiner par la fenêtre si ma tante sortait. Aussitôt qu'elle fut dehors, ce que j'entendis à leur discours, Justine ferma les verrous ; elle vint ouvrir la porte de la chambre où j'étais, et fut à celle de l'escalier dérobé. La frayeur d'être découverte me saisit ; j'étais accroupie pour me cacher parmi les meubles, elle ne s'aperçut de rien, et retourna dans sa chambre. Dès qu'elle y fut rentrée, Isabelle mit de côté son ouvrage et s'avança près d'un miroir, pour raccommoder sa coiffure et rajuster son mouchoir de cou, que Justine lui arracha, en lui prenant les tétons, lui faisant compliment sur leur rondeur et sur leur fermeté ; puis découvrant les siens, elle en fit la comparaison entre eux.

Au milieu de leurs amusements, j'entendis, sur l'escalier de la petite cour, quelqu'un qui montait et qui, trouvant libre l'entrée de la première porte, qu'apparemment Justine avait été ouvrir, vint gratter à celle de la chambre ; je ne pus le voir passer, étant enfoncée et cachée pour n'être point vue moi-même. Justine le fit entrer et fut refermer les portes avec soin.

Quand il fut dans la chambre, je le reconnus aussitôt : c'était un grand jeune homme, un peu parent de la maison, qui venait quelquefois voir ma tante. Isabelle avait la gorge découverte. Courbelon fut sans façon la lui baiser et y fourra la main, tandis que l'autre fut se perdre sous sa jupe ; Justine, à son tour, fut traitée de même ; le temps ne me paraissait plus long. Il prit Isabelle dans ses bras, la jeta sur le pied du lit, et la troussa tout à découvert ; je vis alors son ventre, ses cuisses et sa fente ; elle était peu garnie de poil, mais il était fort noir ; il la baisait et remuait le doigt au haut de cette fente, tandis que le doigt de la main gauche y était tout enfoncé ; Justine, déboutonnant sa culotte, en tira une machine fort longue, raide et très grosse ; ma cousine la prit ; il voulait la mettre à la place de son doigt, mais j'entendis Justine lui dire :

« Non, Courbelon, je ne le souffrirai pas ; si je deviens grosse, je saurai m'en tirer, mais si jamais Isabelle était dans ce cas-là, où pourrions-nous toutes deux nous cacher ? Caressez-la, donnez-lui du plaisir, mais ne lui mettez pas. »

Tous ces discours, que j'entendais parfaitement, étaient autant d'énigmes dont je cherchais le mot. Je vis cependant Courbelon se retirer à contrecœur, et, tout en pestant, il continua de caresser Isabelle, en la chatouillant comme il avait commencé, tandis que ma cousine tenait à pleine main ce gros instrument que Justine avait mis en liberté.

Quelques moments après qu'il eut recommencé les mouvements de ses doigts, j'entendis et vis faire à Isabelle le même jeu et les mêmes soupirs qu'elle faisait quand nous étions couchées ; je fus alors au fait et je jugeai qu'elle répétait seule dans son lit ce que Courbelon venait de faire. Isabelle se releva bientôt, et Justine, qui était en arrêt comme un chien sur sa proie, se jetant à son tour sur le pied du lit, tenant d'un bras Courbelon par les reins, et de l'autre main tenant ce pieu qui conservait sa grosseur, l'entraîna sur elle ; elle fut bientôt troussée, il se coucha sur son ventre, et de ses deux mains il tenait ses tétons, qu'il baisait. Les mouvements de reins et de cul que je lui voyais faire, me firent juger qu'il lui enfonçait ce membre que j'aurais voulu voir entrer.

Ma cousine passa sa main par-derrière entre les cuisses de Courbelon, ou pour le caresser, ou pour juger de l'enfoncement. Je les vis alors s'agiter, se remuer avec fureur ; bientôt Courbelon, après des transports et des mouvements qui m'étonnaient, se laissa aller, et je le vis retirer cet instrument, humble et bien diminué de longueur et de grosseur. Ils se reposèrent quelques moments sur le lit, mais les baisers et les caresses allaient leur train. Cette première scène, qui m'avait vivement émue, ne tarda pas à être suivie d'une autre qui me plut encore davantage.

Courbelon, impatienté de leurs habillements qui les gênaient, et sachant que ma tante ne reviendrait pas de sitôt, les mit bientôt dans l'état où il désirait les voir : en peu d'instants elles furent toutes deux nues. Justine n'était pas d'une figure aussi jolie qu'Isabelle, mais elle gagnait dans la situation où il les avait mises ; son corps était plus blanc, elle était plus grasse et potelée ; il leur imprima plus de cent baisers à l'une et à l'autre ; il prenait leurs culs, leurs tétons, leurs fentes, tout était à sa disposition. Ce que je voyais depuis une demi-heure, excitait en moi un feu, une émotion que je n'avais jamais sentis ; leurs caresses recommencèrent avec plus de vivacité ; il les fit mettre toutes deux couchées sur le ventre au pied du lit, en leur faisant écarter les cuisses. Je découvrais parfaitement tout ce que Courbelon voyait ; il examinait, baisait leurs fesses, enfonçait un doigt de chaque main entre leurs cuisses.

Son instrument était revenu dans le premier état où je l'avais vu, et comme Justine, le visage appuyé dans ses mains contre la couverture, ne pouvait le voir, il avait commencé à l'introduire à Isabelle, quand tout à coup Justine en défiance se leva furieuse, et prenant ma cousine par les jambes, elle la retira et démonta Courbelon. J'en fus très fâchée, car je voyais cet outil prendre sa route à grands pas.

« Non, lui répéta-t-elle, cela ne sera pas ; je vous en ai dit cent fois les raisons, c'est une nécessité de s'y conformer. »

Comme je pouvais entendre aussi facilement que je voyais, aucun des mots, aucune des expressions ne furent perdus.

« Viens, mon cher, dit Justine, en le prenant par son instrument, viens mettre ton vit dans mon con ; ils se connaissent et tu ne risques rien avec moi ! »

Mais elle manqua son coup, car, le tenant toujours par là, elle lui donna deux ou trois secousses ; aussitôt je vis Courbelon se pencher sur son épaule, tenant un téton, la baiser et répandre une liqueur blanche que je n'avais pas encore vue, avec des convulsions qui marquaient un vif sentiment de plaisir. J'étais dans un état que je ne concevais pas moi-même. Depuis quelque temps je chatouillais le haut de ma petite fente et de la même manière que j'avais vu Courbelon le faire à Isabelle et à Justine. J'étais dans cette agréable occupation, qui ne me procurait encore qu'un doux plaisir, quand l'une et l'autre, sans doute vivement animées par les caresses que Courbelon leur avait faites, le mirent dans la même position où elles étaient elles-mêmes, pas le moindre vêtement depuis la tête jusqu'aux genoux.

Cette perspective nouvelle m'attacha avec une curiosité délicieuse, et d'autant plus particulièrement que j'avais fort désiré le voir ainsi ; il semblait que leurs plaisirs fussent d'accord avec mes souhaits. Chacune le baisait, le caressait, lui prenait le vit qui s'était ramolli, chatouillait ses couilles et ses fesses ; il les baisait à son tour, maniait, suçait leurs tétons, les renversait, les examinait, les branlottait et leur enfonçait le doigt. Je vis enfin cet instrument reprendre toute sa vigueur, et les menacer toutes deux ; il ressemblait à un épieu qu'on va plonger dans le corps d'une bête féroce.

J'apercevais bien que Courbelon en voulait à ma cousine, mais Justine le saisissant, ils tombèrent l'un sur l'autre sur le pied du lit ; je crus qu'il lui enfonçait l'estomac ; rien ne la fit reculer :

« Attends au moins, lui dit-il, que nous augmentions nos plaisirs, et que nous en jouissions tous ensemble. »

Il fit mettre Isabelle sur le lit, les genoux et les cuisses écartés, entre lesquelles Justine plaça ses jambes à terre, et fort ouvertes. Comme rien ne gênait plus mes regards, j'aperçus le vit de Courbelon entrer dans son con, d'où, par ses mouvements, il paraissait, s'y renforçait et faisait un écart qui me surprenait.

Il me semblait inconcevable qu'un membre aussi gros pût y entrer, à moi qui avais essayé d'introduire mon doigt dans le mien, et qui n'avais pas osé l'y pousser à cause de la douleur, mais cet exemple me fit passer outre, et je l'enfonçai avec tout le courage dont j'avais le modèle devant les yeux ; je m'y déterminai d'autant plus facilement, que tandis que Courbelon avait son vit dans le con de Justine, il avait mis son doigt dans celui d'Isabelle, en lui disant qu'elle avait la plus charmante motte et le plus joli conin du monde, et en lui recommandant de branler son clitoris, ce que fit ma cousine, pendant qu'il faisait aller et venir le doigt dans son con, comme son vit allait et venait dans celui de Justine.

Fidèle à les imiter en partie, je m'armai de ma fermeté, et je poussai dans le mien le doigt de la main gauche, que j'y enfonçai tant que je pus et que j'agitai de la même manière, tandis que de la droite je me branlais comme faisait Isabelle. Une sensation délicieuse s'accroissait par degrés ; je ne fus plus surprise que ma cousine se plût à la répéter. Je ne tardai pas à les voir tous les trois dans les plus vifs transports ; Isabelle se laissa aller sur le dos, donnant de temps en temps des coups de cul. Courbelon, témoin de son plaisir lui criait :

« Ah ! ma chère, tu décharges ! »

Il achevait à peine ces mots, qu'il tomba lui-même presque sans mouvement sur Justine, en faisant de grands soupirs, et prononçant avec énergie des foutre ! et des sacre ! qui peignaient ses sensations. Justine elle-même, après des élancements vifs et réitérés et des serrements de cul précipités, resta comme anéantie, la tête et les bras penchés, en faisant chorus avec Courbelon.

Ces témoignages d'un plaisir si violent, m'animèrent à tel point, et portèrent le mien à un si prodigieux degré, qu'à mon tour je me laissai tomber sur les meubles, en ressentant un plaisir incroyable. Quel excès de délices quand on éprouve pour la première fois une volupté si grande, qu'on n'a jamais connue et dont on n'a pas d'idée ! On n'est plus rien, on est tout à cette suprême félicité, on ne sent qu'elle !

Le temps que j'avais employé à la savourer, leur en avait assez donné pour se rhabiller ; dès qu'ils le furent, Courbelon, après les avoir embrassées, reprit la route par laquelle il était venu, et quelques instants après, Isabelle et Justine sortirent de la chambre. J'attendis encore un peu ; je parvins enfin à me dégager, prenant le même chemin que Courbelon ; je revins au logis dans l'appartement de ma tante, qui rentra peu de temps après avec ma cousine qui était allée la rejoindre.

Depuis ce moment, je ne pensais, je ne rêvais plus qu'à ce que j'avais vu ; toutes leurs paroles étaient parvenues à mes oreilles, aucune de leurs actions ne m'avait échappé, j'y réfléchissais sans cesse. Le même soir, quand je fus au lit avec Isabelle, je fis semblant de me livrer au sommeil ; elle ne tarda pas à tomber dans un profond assoupissement, j'en fis bientôt autant ; mais le lendemain il n'en fut pas de même. Dès que nous fûmes couchées, je fis comme la veille ; ma cousine me croyant endormie, je sentis qu'elle recommençait son petit manège ; j'étais au fait, je me retournai, et passant ma cuisse sur la sienne, je mis ma main où je savais bien qu'était son doigt, je la glissai par-dessous, et, la soulevant, je pris toute sa motte. Je l'embrassai, je baisai ses tétons, et j'enfonçai mon doigt dans son con. Je l'en retirai pour chatouiller l'endroit où j'avais trouvé le sien ; elle écartait les cuisses et me laissait faire ; lorsque je l'entendis pousser ses derniers soupirs, je la trouvai toute mouillée ; le même désir me tourmentait ; je pris sa main dont je couvris ma motte, j'employai son doigt à faire son office, et je me trouvai peu de temps après au point de lui rendre soupirs pour soupirs.

Elle ne fut pas peu surprise de tout ce que j'avais fait ; elle me croyait dans l'ignorance la plus parfaite ; elle n'avait eu garde de m'instruire, craignant qu'ayant été élevée par une mère dévote, je ne fusse assez enfant pour en parler à ma tante ou à ma mère, à mon retour chez elle.

« Comment, Rose, comment sais-tu tout cela ? Je suis bien étonnée de tes connaissances ; à ton âge, je n'en savais pas tant.

— Je le crois, ma chère cousine ; je te le dirai, à condition que tu ne seras point fâchée contre moi, et que tu m'aimeras toujours. »

Je me repentis au moment même de ce que j'avais dit et je ne voulais plus continuer, lorsque Isabelle, me prenant dans ses bras et me caressant, me pressa de tout lui avouer.

« Tu ne m'en voudras donc pas ? Tiens, ma chère cousine, sois assurée de ma discrétion. Je te promets de n'ouvrir jamais la bouche à personne de ce que je sais, et surtout à ma tante ni à ma mère ; mets ta confiance en moi comme en toi-même. »

Je lui redis alors tout ce dont j'avais été témoin, et de quelle manière je l'avais été...

L'effroi la saisit.

« Ah ! ma bonne amie, ma chère Rose, garde-m'en, je t'en conjure, le secret ; ne me trahis pas ; tu me perdrais. »

Je le lui jurai de nouveau ; nous convînmes qu'il ne fallait pas même en parler à Justine ; elle me donna cent baisers, en me faisant autant de questions sur ce que j'avais vu, entendu, et sur l'effet que j'en avais éprouvé. Je lui rendis compte de tout. Je la tranquillisai pour lors, en lui disant que tout ce que je lui avais appris de moi-même m'engageait à garder un secret qui était devenu le mien.

« Mais raconte-moi donc, Isabelle, par quelles circonstances tu en es venue là avec Courbelon et Justine ?

— Je le veux bien, ma petite cousine ; après ce que tu sais, je n'ai rien à te refuser ni à te cacher, et je compte toujours sur tes promesses. Écoute-moi. Un mois ou cinq semaines avant ton arrivée ici, j'étais un jour sortie avec ma mère, mais ayant oublié une chose dans ma chambre, et n'étant pas éloignée de la maison, j'y revins pour la chercher. Après l'avoir prise, je fus à la chambre de Justine, je ne puis te dire pourquoi ; la porte apparemment n'était pas bien fermée, ou elle n'y avait pas pensé ; je la poussai, elle s'ouvrit ; je ne fus jamais plus surprise, et je restai dans l'étonnement et comme pétrifiée de trouver Courbelon sur elle ; il en descendit aussitôt, et j'aperçus son outil qu'il tâchait de cacher, dans le même temps qu'il abattait les jupes de Justine qui étaient toutes levées ; elle était bien heureuse que ma mère ne fût pas à ma place.

« Je voulus à l'instant m'en aller, mais cette fille, craignant que je ne redise à ma mère ce que j'avais vu, courut après moi, se mit à mes genoux, en me conjurant de n'en pas parler. Elle me pressa tant, en me baisant les mains, que je lui promis tout ce qu'elle voulut, et je lui tins parole. Je t'avoue, ma chère Rose, que cette aventure me donna matière à bien des pensées. Depuis ce jour-là, Justine m'amenait souvent dans sa chambre, sous prétexte de m'apprendre à broder ; mais elle m'entretenait toujours sur le sujet de ce que j'avais vu, en m'apprenant des choses bien nouvelles pour moi ; elle découvrait ma gorge, elle prenait mes tétons, elle me peignait le plaisir sous les attraits les plus séduisants ; je conviens que j'en trouvais à l'entendre.

« Enfin, un jour que cette conversation m'avait fort animée, et ma curiosité fortement excitée, je sentis le feu sur mes joues, mon sein était agité ; les questions que je lui faisais firent connaître à Justine que le moment était favorable ; elle me prit entre ses bras, m'enleva et me porta sur son lit ; elle me troussa ; je m'en défendais faiblement, elle continuait toujours, en me disant qu'un jeune et aimable cavalier serait bien heureux à sa place, s'il voyait et touchait les beautés, les grâces et la fraîcheur qu'elle venait de découvrir ; que sa machine s'enflerait, et qu'il mourrait de plaisir, en m'en faisant connaître et ressentir de bien vifs. Ses flatteries, ses peintures et ses caresses m'ayant subjuguée, je me laissai faire par elle tout ce qu'elle voulut. Elle posa le bout du doigt de la main gauche entre les lèvres de mon ouverture, qu'elle chatouillait, tandis que de la droite elle en frottait le haut.

— Ma chère cousine, lui dis-je, pourquoi n'emploies-tu pas les termes et les noms que tu sais ? Je les ai tous entendus de Courbelon et de Justine.

— Tu as raison, Rose, je n'en ferai plus de difficulté.

« Enfin, après quelque temps de ce badinage, je ressentis cet extrême plaisir qu'elle m'avait si bien dépeint ; mais elle m'assura que j'en trouverai bien davantage avec un joli homme, jeune et galant. Depuis ce temps, elle répétait souvent à ma satisfaction, ce jeu charmant ; elle enfonça même un jour son doigt ; j'éprouvai quelque douleur qui fut bientôt apaisée ; elle sut enfin m'engager à lui rendre le plaisir qu'elle me donnait.

« J'y trouvais beaucoup d'agréments, et je m'en contentais, mais huit à dix jours avant ton arrivée, ma mère étant sortie seule, nous reprîmes nos jeux et nos plaisirs, et sous divers moyens que Justine employa, nous nous mîmes toutes deux totalement nues. Courbelon, caché derrière un rideau, avait été témoin de toutes nos folies ; c'était une partie liée entre Justine et lui, mais je l'ignorais ; elle riait depuis le commencement, de tout son cœur. Surprise de ses ris, qui me paraissaient quelquefois hors de propos, je la pressai de m'en dire le sujet ; elle m'avoua que Courbelon nous voyait. Il sortit aussitôt de dessous le rideau, nu, comme nous étions, et son vit était d'une grosseur et d'une raideur étonnantes.

« Effrayée, palpitante, honteuse, je ne pouvais plus fuir dans l'état où j'étais, qu'en me cachant sous le même rideau ; j'y courus, mais ils m'arrêtèrent tous deux, et je n'osais rien lui dire, après ce qu'il nous avait vues faire. Courbelon me prit entre ses bras, se jeta à mon cou, m'embrassa, porta ses mains et ses lèvres partout où il put ; tout était à sa disposition, et Justine l'aidait. Enfin, la surprise et la honte firent place au désir. Il mit son vit dans ma main, je ne pouvais l'empoigner ; le feu de ses baisers, de ses attouchements, ce spectacle si nouveau pour moi, et l'exemple de Justine qui le caressait sans scrupules, firent couler le plaisir dans tous mes membres, et m'avaient mise dans une situation à ne pouvoir rien lui refuser.

« Les plaisirs qu'il me donna avaient une pointe de vivacité que je n'avais point sentie par les mains de Justine, avec laquelle je désirai qu'il fît la même chose, mais ils allèrent bien plus loin ; elle l'attira sur elle au pied de son lit, et me tenant d'une main, elle me fit voir le vit de Courbelon qui se perdait dans son con, et la vivacité de leurs transports me fit juger de l'excès de leurs plaisirs. C'est hier la sixième fois que je me suis trouvée avec lui, cela n'arrivant pas souvent par crainte d'être découverts. Je fus enchantée de ton arrivée, ma chère Rose, dans l'espérance que j'en aurais plus de liberté ; car je t'avoue que j'ai un violent désir que Courbelon m'en fasse autant qu'à Justine.

« Je crains, il est vrai, les enfants dont elle me fait peur, et le mal que la grosseur de son vit me pronostique, mais puisqu'elle le reçoit avec empressement, j'imagine que ma crainte n'est pas trop fondée, et que la douleur doit être bien moindre que le plaisir, du moins Courbelon me le dit de même ; cependant Justine s'oppose toujours au désir que nous en avons ; par diverses raisons dont elle ne peut me persuader puisqu'elle s'y expose. »

Je la pressai, autant qu'il fut en mon pouvoir, de se satisfaire. Je combattis les raisons de cette fille par toutes celles qui me vinrent à l'idée, dans un âge où je n'avais pas d'expérience ni grandes ressources à donner, mais soit que son imagination, sa curiosité ou ses désirs fussent d'accord avec mes raisonnements, elle me parut facilement s'y rendre. Je lui fis promettre en même temps de me faire le détail du plaisir qu'elle aurait eu ; elle m'en donna sa parole, en me recommandant toujours ce que nous appelâmes dès lors notre secret ; depuis ce moment nous ne nous quittions presque plus.

Quelques jours après nous fûmes invitées à une noce de parents de Justine ; ces sortes d'invitations sont assez en usage dans les petites villes de province. Elle ne manqua pas de s'y rendre une des premières avant que nous y allassions. Isabelle me dit en riant que cette occasion était bien favorable pour la tromper, car je l'entretenais tous les jours dans le projet d'en passer sa fantaisie.

Je saisis d'abord cette idée, et je lui dis qu'en effet ma tante, croyant que nous irions ensemble, ne manquerait pas, de son côté, d'aller chez quelques-unes de ses amies ; qu'il fallait qu'elle fût et se tînt dans la chambre de Justine ; que, sans doute, Courbelon ne manquerait pas de venir à la danse, comme font ordinairement les jeunes gens, même sans y être invités ; que l'espérance de la trouver l'y amènerait plus sûrement ; qu'aussitôt que je le verrais, je lui dirais qu'elle avait à lui parler, et qu'il se rendît dans la chambre de cette jeune fille, où elle serait à l'attendre.

« Non, non, je ne le veux pas », me dit-elle en rougissant ; mais je la pressai, je mêlai mes caresses à mes engagements, et soit qu'elle fût bien aise qu'ils voilassent ses désirs, ou soit que je la déterminai, elle y consentit. Je n'avais pas fini de m'habiller, que ma tante était déjà partie. Je m'en fus donc seule : effectivement, je trouvai Courbelon, qui était arrivé ; je m'approchai de lui, et je parvins à lui dire, sans affectation et sans qu'on s'en aperçut, ce que j'avais projeté ; il ne tarda pas à disparaître. Quelques instants après, je ne le vis plus ; je regrettais de n'être pas encore à mon poste, mais comme je me flattais qu'Isabelle me rendrait compte de tout ce qui se serait passé, je me consolai, et je participai de mon mieux aux plaisirs de la fête où j'étais, puisque je ne pouvais être de celle de ma cousine.

Justine m'avait demandé, lorsque j'entrai, pour quelle raison Isabelle n'était pas avec moi. J'imaginai de lui dire que ma tante avait voulu sortir avec elle, mais qu'elle ne tarderait pas à venir prendre sa part de divertissement, et à me rejoindre. Elle prit d'abord mon conte le mieux du monde ; cependant, voyant que Courbelon n'y était plus depuis longtemps, et que ma cousine n'arrivait point, elle prit de la défiance, et sans s'expliquer avec moi, elle ne put s'empêcher de me dire qu'elle avait lieu d'être surprise du départ de l'un et du retard de l'autre. À peine venait-elle de me tenir ce propos, que Courbelon arriva, et ma cousine peu de temps après. Justine disparut à son tour ; je le fis remarquer à Isabelle, à qui j'avais répété ce qu'elle m'avait dit. Elle soupçonna dans l'instant que cette fille était retournée au logis, ce qui lui donna de l'inquiétude. Justine revint, et ne fit rien paraître, mais elle avait fait des recherches et pris des informations qui l'instruisirent autant qu'elle le désirait.

Nous rentrâmes chez ma tante ; il me tardait que nous

fussions couchées, pour questionner en liberté ma cousine ; je lui dis que j'étais fatiguée de la danse ; Isabelle en dit autant, quoiqu'elle n'eût point pris part à cet exercice ; elle l'avait toujours refusé, sous quelque prétexte qui n'était pas néanmoins le véritable. Nous fûmes donc nous mettre au lit. Quand je la tins dans mes bras, je voulus mettre ma main où elle avait reçu les plus grands coups, mais elle la repoussa, en me disant qu'elle y souffrait trop de douleur ; il ne m'en fallut pas davantage pour la sommer de sa parole et la presser de me la tenir.

« Ah ! ma chère Rose, ma curiosité a été bien mal satisfaite ; Courbelon est venu, comme les autres fois ; j'avais l'oreille au guet ; je fus lui ouvrir ; il s'est jeté à mon cou. Après bien des baisers et des caresses, il m'a prise dans ses bras et m'a portée sur le pied du lit, en promenant ses mains partout où il a voulu, d'autant que je m'y prêtais sans feindre aucune résistance ; enfin, m'ayant penchée sur le lit, il m'a enfoncé son vit, qu'il avait mouillé de salive, mais quelle douleur ne m'a-t-il pas faite ! Ce vit, d'une grosseur énorme, me déchirait ; je n'osais crier ; j'en versais des larmes. Il tâchait de me consoler en m'embrassant et en m'assurant qu'une seconde fois je n'aurais plus que du plaisir ; il me trompait, il y revint, et ma douleur fut aussi vive ; je souffrais tout ce qu'on peut endurer.

« Il s'y présenta une troisième fois : je ne voulais plus y consentir ; il me pressa si fort, en y joignant tant de baisers et de caresses, que je ne pus lui refuser ; il s'y prit si doucement, et avec tant de précaution, que je croyais ne plus endurer un tel tourment, mais il fut presque le même. Ces vives souffrances que j'ai ressenties, jointes à la crainte des enfants qui s'est retracée plus fortement à mon imagination, m'éloignent d'une pareille épreuve ; il m'en reste même une cuisson si grande, que je ne puis encore y toucher sans renouveler mes douleurs, et c'est ce qui m'a fait refuser de participer à la danse.

— Sans doute, chère cousine, qu'étant bien plus jeune que Justine, tu es beaucoup plus étroite.

— C'est bien ce que me disait Courbelon, en m'assurant que le temps et l'usage m'élargiraient, mais, en attendant je n'en souffre pas moins. »

Il fallut donc rester tranquilles, et nous nous endormîmes.

Le lendemain, Justine sut attirer Isabelle dans sa chambre, et lui dit qu'elle s'était aperçue que Courbelon y était venu la veille ; qu'elle avait trouvé à la porte du petit escalier, qui n'était pas fermée comme elle le faisait ordinairement, un morceau du bouquet qu'il avait ce jour-là ; qu'elle avait très bien distingué que son lit avait été foulé, et qu'enfin elle avait appris qu'au lieu d'être sortie avec sa mère, comme je le lui avais dit, elle était restée, et n'avait quitté la maison que deux heures après moi ; qu'elle jugeait bien de ce qui s'était passé, qu'elle l'engageait de le lui avouer ; qu'elle ne devait pas avoir de crainte, ni faire de mystère avec elle, puisqu'elle n'avait rien à redouter de sa part, étant pour le moins aussi intéressée qu'elle à ce que personne n'en sût rien.

Isabelle s'en défendit d'abord ; mais les marques étaient si claires pour Justine, qu'à la fin elle lui avoua que Courbelon était venu et lui avait fait les caresses dont il usait ordinairement. Justine lui soutint qu'assurément il le lui avait mis, que tout lui démontrait qu'elle n'en devait pas douter. Ma cousine ne voulut point en convenir, mais cette fille lui dit qu'elle le connaîtrait bientôt. Comme elle était forte, elle la prit dans ses bras et la coucha sur le lit ; Isabelle ne pouvant lui résister, et se persuadant qu'elle y connaîtrait quelque chose, craignant encore que pour s'en assurer elle ne renouvelât ses douleurs, lui fit l'aveu de ce qu'elle m'avait raconté.

Justine, qui redoutait infiniment les suites de cette aventure, ou vivement piquée contre Courbelon, apporta depuis tant de difficultés et d'obstacles à leurs entrevues, que ma cousine et lui ne pouvaient plus se voir avec la facilité qu'elle leur avait procurée, et peut-être alors jalouse de lui, elle ne lui permit plus de revenir ; elle parvint enfin, par toutes les voies et les moyens qu'elle put imaginer, à rompre cette liaison, d'autant plus aisément qu'elle y employait la vigilance la plus grande.

Courbelon, jugeant qu'il ne pourrait jamais surmonter les obstacles qu'apportait une surveillance aussi éclairée et au fait de cette allure, se brouilla avec elle, et comme dans cette circonstance il fut obligé quelque temps après de se rendre dans une autre province, il oublia bientôt Isabelle et Justine qui, elle-même, peu après son départ, se retira de chez ma tante et quitta la ville où nous étions ; c'est ce qui m'a fait penser depuis qu'elle était allée dans le même lieu où s'était rendu Courbelon, pour qui elle aurait tout sacrifié.

Dans les premiers temps, Isabelle n'endura pas sans chagrin le déplaisir de ne plus le voir ; elle me faisait part de tout ce que son humeur lui inspirait. Je la consolais du mieux qu'il m'était possible ; j'y parvins à la longue et les plaisirs que nous nous procurions ensemble lui firent supporter avec plus d'aisance, et même oublier à la fin, cette perte qui m'avait aussi fort déplu. Je désirais être quelque jour de leurs parties ; je projetais d'y engager ma cousine, et je m'en flattais d'autant mieux qu'elle avait pris pour moi une forte inclination qui ne servit pas peu depuis à dissiper son chagrin. Ces contretemps détruisirent mes desseins, et la nécessité fit que je n'y pensai bientôt plus. Nous passâmes encore quatre mois ensemble, pendant lesquels elle m'instruisit de tout ce qu'elle avait appris de Courbelon et de Justine, qui l'avaient rendue très habile.

Les réflexions que j'ai faites depuis cette aventure et sur les réponses d'Isabelle aux différentes questions que je lui faisais, m'ont fait voir que Courbelon avait jeté ses desseins sur ma cousine ensuite du jour où elle l'avait trouvé sur Justine, et que, sous le prétexte de mieux engager Isabelle à garder le secret, il avait fait entendre à cette fille que le moyen le plus assuré était de l'admettre entière dans leurs plaisirs, autant que la petite oie pourrait s'étendre ; qu'enfin il avait su l'en convaincre et la faire donner dans le panneau qu'il leur tendait, sans quoi la jalousie que nous soupçonnions à Justine s'y serait difficilement prêtée.

Le temps que je passai chez ma tante fut trop tôt écoulé ; je fus rappelée par ma mère ; il fallut nous séparer. Nous ne nous quittâmes pas sans regret, et nous ne pûmes en venir à cette séparation sans verser bien des larmes. Ma tante en fut touchée, et me promit qu'elle ferait tout ce qui dépendrait d'elle pour me ravoir encore. Elle et ma cousine, qui pouvaient jouir d'une agréable liberté, me plaignaient, n'envisageant pour moi que des jours bien tristes et remplis d'ennui, avec une mère dévote qui ne voyait personne. Je le croyais comme elles, mais nous avions toutes tort.

Arrivée chez ma mère, je mis à profit tout ce que j'avais appris du hasard et d'Isabelle : comme elle, je me procurais tous les jours les sensations les plus délicieuses du plaisir, souvent même j'en redoublais la dose ; mon imagination échauffée n'était remplie que des idées qui y avaient rapport. Je ne pensais qu'aux hommes, je fixais mes regards et mes désirs sur tous ceux que je voyais ; mes yeux, attachés sur l'endroit où je savais que reposait l'idole que j'aurais encensée, animaient mes désirs, dont le feu se répandait jusqu'aux extrémités de mon corps. Ce fut dans cet instant que Vernol revint passer ses vacances chez ma mère ; il avait un an et demi de plus que moi. Ah ! Que je le trouvai beau ! j'en fus surprise ; jusque-là ses charmes m'avaient échappé. Il est vrai que l'âge à peu près égal de l'enfance nous avait toujours donné beaucoup d'amitié l'un pour l'autre, mais dans ce moment ce fut tout autre chose ; il réunit tous mes désirs, avec une ardeur dévorante s'empara de tous mes sens, je ne vis plus que lui, toutes mes idées s'y concentrèrent.

Depuis longtemps je souhaitais d'examiner de près et de toucher ce que je n'avais fait qu'entrevoir à Courbelon. Je sentais que j'étais trop jeune pour me flatter de devenir l'objet des desseins d'un homme plus âgé, et me persuadant que leur instrument grossissait à mesure de leurs années, les douleurs d'Isabelle m'effrayaient ; d'ailleurs, je ne voyais personne qui pût jeter les yeux sur moi ni arrêter les miens ; cependant j'étais dans une vive impatience, et je fis de Vernol le but où je désirais atteindre.

Sa chambre était derrière celle de ma mère où je couchais ; quand cette bonne dévote allait à l'église, où elle passait deux ou trois heures tous les matins, je fermais exactement la porte après elle ; on croyait que nous dormions et l'on nous laissait en paix, mais continuellement éveillée par mes désirs, j'allais en chemise près de lui, et je lui faisais mille agaceries pendant qu'il était dans son lit. Tantôt je l'embrassais, je le chatouillais, tantôt je tirais ses couvertures, ses draps ; je le mettais presque nu ; je lui donnais de petits coups sur ses fesses d'ivoire ; il sautait après moi, me poussait sur son lit, me baisait et rendait sur mon cul les coups légers que je lui avais donnés. Nous avions répété deux matinées ce badinage, lorsque la troisième, en me jetant à la renverse sur son lit, ma chemise, à qui j'avais prêté un peu de secours, se trouva toute relevée, et mes jambes en l'air. Il aperçut aussitôt mon petit conin ; il m'écarta les cuisses, il y porta la main et ne pouvait se lasser de le regarder et d'y toucher ; je le laissai faire.

« Ah ! Rose, me dit-il, que nous sommes bien différents l'un de l'autre !

— Comment ! lui répondis-je, quelle différence y a-t-il donc ? »

Je lui fis cette question avec l'air de la plus innocente simplicité.

« Tiens, vois », me dit-il, en troussant sa chemise et me montrant son petit outil, qui était devenu gros et raide et que je n'avais qu'entrevu jusque-là.

Je pris cette lance en main, je la considérai, je la caressai, j'en découvris, j'en aiguisai la pointe, et j'eus enfin la satisfaction d'en faire l'examen le plus attentif. Vernol, impatient d'en faire un pareil, me dit :

« Laisse-moi te regarder encore. »

Je me rendis à sa demande, et je me recouchai ; il releva mes jambes, les écarta, et ne mit pas moins d'attention dans sa recherche et dans ses détails que j'en avais eu dans la mienne, mais il ignorait l'usage de ce qu'il voyait.

Il était à genoux sur le lit, penché sur moi ; je passai ma main entre ses cuisses, et je repris son joli bijou ; je m'amusa à coiffer et à décoiffer sa tête, rouge comme le corail ; le plaisir que je lui faisais, dont je m'apercevais, augmentait le mien ; j'étais dans l'impatience ; je me relevai et le renversai à son tour, je le découvris tout entier ; je le baisais, je le mangeais, je caressais ses petites olives ; enfin, à force de hausser et de baisser ma main sur ce charmant joujou, il répandit cette liqueur que j'avais vu rendre à Courbelon par la main de Justine.

Cette situation, si nouvelle pour lui, l'étonnement joint au plaisir excessif dont il paraissait jouir, était un délicieux spectacle pour moi. Sa main placée entre mes cuisses était restée sans mouvement ; je me recouchai sur le lit et je la pris et je lui fis faire un exercice qui lui était inconnu, et que je souhaitais vivement. Je tombai bientôt dans l'extase où je l'avais mis peu auparavant.

Tout cela lui paraissait bien extraordinaire ; je l'avais conduit de surprise en surprise ; elles me réjouissaient et m'enchantaient. Je recommençai mes caresses, je repris son instrument, je le baisai, je le suçai, je le mis tout entier dans ma bouche, je l'aurais avalé : il ne tarda pas à reparaître dans l'état charmant où il avait été. Jusque-là, je n'avais pas osé lui apprendre à le mettre où je le souhaitais, mais de plus en plus animée, j'arrachai sa chemise, je quittai la mienne ; rien ne me cachait ses charmes naturels ; je les contemplais, je les couvrais de mes mains et de mes lèvres ; il me rendait les mêmes caresses à son tour. Son petit vit était dans toute sa dureté ; je me mis sur lui ; je le conduisis moi-même dans mon petit conin.

Ah ! qu'il fut bientôt au fait ! j'étais encore étroite, mais il n'était pas gros ; nous poussions tous les deux ; enfin, m'asseyant sur lui, je parvins aussitôt à me l'enfoncer tout entier, et j'eus l'agréable satisfaction de le sentir pour la première fois introduire où je le désirais avec tant de passion. C'est ainsi que nos pucelages, quoiqu'ils ne fussent pas bien intacts, furent enlevés l'un par l'autre. Quelle volupté nous ressentions ! Vernol ne savait plus où il en était ; nous jouissions de cette félicité pure qui se sent sans pouvoir l'exprimer ni la concevoir ; nos plaisirs étaient à leur comble ; il en éprouva le premier l'excès, il déchargeait ; ses bras, qui m'entrelaçaient, se relâchèrent ; je précipitai mes mouvements, je l'atteignis, et me laissant aller sur lui, il connut que je jouissais des mêmes délices. Serrés, collés l'un sur l'autre, nous savourions ce voluptueux anéantissement qui n'est pas moins enchanteur que le plaisir qui nous l'avait procuré ; mais plus tôt rétablie que lui, je me vis forcée de l'engager à se servir encore de sa main et de son doigt.

Nous répétions tous les jours cet agréable exercice ; j'allais dans son lit, ou il venait dans le mien ; partout où nous pouvions nous réunir en sûreté pendant le jour, nous le recommencions, ou nous n'en prenions que l'ombre. La nuit, où nous ne pouvions être ensemble, toute pleine de son image, je lui consacrais les plaisirs qu'elle faisait naître ;

il en faisait autant de son côté ; nous nous en rendions compte le matin, et nous réalisions nos illusions nocturnes.

Étonné dès les premiers jours de tout ce que je lui avais appris, il avait désiré que je lui dise par quel moyen j'en avais eu connaissance, mais ne croyant pas à propos de lui rendre compte d'abord de ce que j'avais vu chez ma cousine, je fixai ses idées sur des exemples généraux ; cependant ayant ensuite reconnu sa discrétion, je lui racontai tout, et nous tâchions d'en réaliser le souvenir et d'en imiter l'exemple.

Hélas ! au milieu de nos plaisirs, notre séparation approchait ; nous l'envisagions avec douleur ; ce moment vint enfin ; il fallut nous quitter ; ma peine fut extrême, je ne puis vous la peindre. Durant trois ans et demi d'absence, nous ne nous sommes réunis que depuis quatre ou cinq mois qu'il est revenu tout à fait chez ma mère.

Quand elle eut fini son récit, où elle était entrée dans un détail plus étendu qu'avec moi, surtout en ce qui regardait Vernol, je repris la parole :

« Tu ne sais pas, cher papa, ce que Rose m'a dit encore ; elle ne te rend pas compte de tout. Ma chère Laure, m'a-t-elle ajouté, je me suis aperçue que Vernol avait pris pour toi la plus forte passion, et même il m'en a fait l'aveu. Tiens, chère amie, je n'en suis point jalouse, je vous aime tendrement tous deux ; tu es belle, il est charmant, je serais enchantée de le voir dans tes bras ; oui, ma chère, je l'y mettrais moi-même, je ferais mon bonheur de sa félicité. Ne la trouves-tu pas folle ?

— Pas tant, Laure ! je n'en suis point surpris, dans sa façon d'être. »

Nous jugeâmes aisément que Rose aimait le plaisir avec fureur ; nous le lui dîmes, elle en convint. Les tableaux qu'elle avait retracés avaient ranimé son tempérament ; ils avaient produit le même effet sur nous. Mon papa en présentait des preuves parlantes ; elle s'en saisit, et pour nous prouver le charme séducteur qu'elle y trouvait, elle conduisit elle-même le cher objet qu'elle tenait, et nous fit cent caresses, dont nous la payâmes par cette sensation délicieuse après laquelle elle soupirait sans cesse. Comme elle était arrivée la première au but, elle arrêta mon papa, et nous adressant la parole :

« Achevez d'avoir en moi la même confiance que je vous ai montrée ; ce que nous avons fait tous les trois, depuis hier, m'a totalement ouvert les yeux, et m'a donné la liberté de vous raconter ce que j'ai fait avec Vernol. Viens donc, papa, viens à côté de la chère Laurette ; à sa place j'en ferais autant avec toi. Mets-lui, et qu'elle partage les plaisirs que tu m'as donnés : sois assuré de la plus inviolable discrétion.

— Eh bien ! Rose, pour te prouver que je n'en doute en aucune manière, tu vas jouer un nouveau rôle. »

Il se leva, et fut aussitôt chercher le godemiché ; il l'attacha à la ceinture de Rose, qui était extasiée de cet outil qu'elle ne connaissait pas ; il me fit mettre sur elle, et le conduisit dans mon con, en lui recommandant de se remuer comme ferait un homme, et de me branler en même temps ; il l'instruisit de l'effet de la détente, lorsqu'elle me verrait prête à décharger ; il se mit ensuite sur moi, et m'introduisit son vit dans le cul.

Rose remuait la charnière supérieurement ; je tenais ses tétons, elle caressait les miens, elle suçait ma langue, je me mourais. Au moment où j'allais perdre connaissance, elle fit décharger le godemiché ; mon con en fut inondé, et le foutre que mon papa répandit en même temps dans mon cul, excita en moi des transports qui se joignirent aux siens et à ceux de Rose, qui, par le frottement du godemiché sur son clitoris, se les fit partager ; enfin je tombai sur elle, morte de plaisir. Mon papa se releva bientôt, et quand je fus revenue de cet évanouissement enchanteur, nous sortîmes du lit alors qu'il était près de midi.

Dès que nous fûmes debout, elle n'eut rien de plus pressé que de passer à l'examen de cet outil si nouveau pour elle. Je l'aidai à en désunir toutes les parties : il était parfaitement semblable à un vit ; toute la différence consistait dans les ondes transversales depuis la tête jusqu'à la racine, pour procurer un frottement plus actif. Il était d'argent, mais couvert des couleurs de la nature et d'un vernis dur et poli. Il était vide, mince et léger.

Dans le milieu de l'espace, il y avait un tuyau du même métal, rond et plus gros qu'une plume, dans lequel il y avait un piston ; ce tuyau se vissait à un autre bout percé et soudé au fond de la tête. Il se trouvait par ce moyen des espaces autour de cette petite seringue dont elle avait l'effet et les parois de celui qui imitait le vit. Un morceau de liège taillé pour boucher exactement ce dernier, avait un trou qui laissait entrer très juste la naissance de la petite pompe, dans lequel on insérait un ressort d'acier en spirale, qui repoussait le piston par le moyen d'une détente.

Quand Rose l'eut bien tourné et retourné :

« Il faut encore, me dit-elle, que tu m'apprennes comment on lui fait faire son office.

— On emplit, lui dis-je, le godemiché d'eau suffisamment échauffée pour en supporter la chaleur sur les lèvres ; on le bouche bien avec le morceau de liège auquel tu vois cet anneau pour le retirer ; on emplit ensuite la pompe, par le moyen du piston qu'on attire, de colle de poisson fondue et légèrement teinte de blanc, qu'on tient toute préparée ; la chaleur de l'eau se communique aussitôt à cette liqueur, qui ressemble autant qu'il est possible à la semence. »

La première action de Rose, après ce détail, fut de trousser sa chemise et de l'enfoncer dans son con ; cette folie dans ce moment me fit rire au point que mon papa rentra pour savoir le sujet qui m'y excitait si fort. Il la vit à cet ouvrage ; il ne put s'empêcher de m'imiter, et s'adressant à elle :

« Laisse-le donc, Rose ; sa vertu dans ce moment n'existe plus, et nous pouvons faire quelque chose de mieux. »

Elle continua de s'habiller, il me prit par la main et sortit :

« Ma chère Laure, Rose sera la victime de sa passion et de son tempérament ; rien ne la retient, elle s'y livre avec fureur, sans mesure ni ménagement ; sois assurée qu'elle payera de sa personne cette imprudence, ainsi que le pauvre Vernol, qu'elle a jeté dans le même excès, mais je veux en profiter pour remplir mes desseins. »

En effet, inébranlable dans ses réflexions, il fut la trouver dans ma chambre, et j'entendis :

« Rose, ce que vous avez dit à Laure, au sujet de votre frère, sur la fin de votre histoire, annonce votre amitié pour l'un et pour l'autre, mais peut-on compter sur la discrétion de Vernol comme sur la vôtre ? Il est nécessaire qu'elle soit des plus grandes, vous devez le concevoir ; songez-y.

— Oh ! ne vous trompez pas sur la confidence que je vous ai faite ; elle n'est pas le fruit de l'indiscrétion, mais la manière dont j'ai agi avec lui m'a fait sentir que si j'eusse été Laurette, vous eussiez été pour moi ce qu'est Vernol.

« L'obscurité à travers laquelle j'entrevoyais la chose s'est totalement dissipée par la façon dont nous vivons depuis hier ; j'ai jugé que dès lors je pouvais parler sans déguisement, et que vous seriez intéressés à garder, à notre sujet, le même secret qu'à votre égard je vous jure pour Vernol et pour moi, y trouvant le même intérêt. Mais, de grâce, qu'il participe à nos plaisirs ; il m'a fait l'aveu qu'il était fou de Laurette, et vous vous y trouvez engagé plus que vous ne pensez ; vous serait-il donc possible de nous refuser ? Je serai comblée de joie si vous ne vous y opposez pas, et si, comme je le désire, ma chère Laurette ne le hait pas.

— Tout me force aujourd'hui à y consentir ; ne lui dites cependant rien encore de ce qui s'est passé entre nous, je vous le conseille et vous y engage. Il me croirait dédommagé, et je veux qu'il me paye lui-même du sacrifice que je fais. Prévenez-le seulement de se prêter à tout ce que nous voudrons.

— Ah ! je vous réponds de lui comme de moi-même, sur qui vous pouvez compter en tout.

— Il est cependant nécessaire que vous sachiez, vous et lui, que Laure n'est ma fille que pour le public, car en réalité elle ne l'est pas. Vous voyez cependant qu'elle ne m'en est pas moins chère ; mais surtout que personne ne soit instruit de ce secret, que vous deux ; je vous le recommande. Allez à présent trouver votre mère avec elle ; dites-lui que demain nous irons encore passer le jour à la campagne, et que si elle veut vous y laisser venir avec votre frère, nous vous y mènerons ; cependant, promettez-moi d'être tranquilles l'un et l'autre jusqu'à ce que vous veniez, car vous en aurez sûrement besoin. »

Je n'avais rien perdu de ce discours. Rose vint, m'entraîna, courut chez ma mère, et obtint facilement pour elle et pour Vernol ce qu'elle lui demandait. Je la quittai et fus passer le reste de la journée chez une parente. Pendant ce temps-là, mon père fut donner ses soins aux arrangements qu'il projetait.

La nuit, quand je fus dans ses bras, je présumai qu'il me rendrait compte de ce qu'il avait dit à Rose, et de ses desseins. Indécise avec moi-même, je ne voulus pas lui en parler la première, ni lui faire connaître que je l'avais entendu. Le cœur me battait ; mais il ne m'en ouvrit pas la bouche.

Le lendemain après-midi, une voiture se rendit à notre porte, nous prit et nous conduisit dans une maison charmante, à quelque distance de la ville ; je ne la lui connaissais pas. Je jugeai qu'elle appartenait à quelqu'un de ses amis qui la lui prêtait. Vernol avait cherché à relever ses attraits naturels. Rose et moi nous étions dans un déshabillé galant. Instruit par sa sœur, il avait une politesse plus aisée et quelque chose de plus assuré, qui lui était avantageux.

Nous arrivâmes sur les quatre heures ; il faisait un temps admirable et très doux. Nous fîmes plusieurs tours dans les jardins, qui étaient vraiment dessinés par Vertumne, et non de ces assemblages fantasques où la bizarrerie semble avoir présidé. Ce n'était pas non plus de ces jardins compassés, où la régularité et la symétrie écrasent la nature ; nous y jouissions de la beauté de l'horizon, qui semblait d'accord avec la fête. Après cette promenade, où nous avions préludé par les baisers, nous vînmes dans les appartements, que nous parcourûmes ; nous trouvâmes, dans un salon où mon papa nous conduisit, une collation servie ; il nous présenta plusieurs mets, nous versait à boire, et ne nous ménageait pas.

Soit délicatesse des vins et des liqueurs, soit qu'il eût employé quelque autre moyen qu'il connaissait assez, nos têtes perdirent bientôt leur équilibre, et nous jetâmes des fleurs à la Folie, qui nous en couronna. Dès qu'il nous vit en cet état, il sut écarter tout son monde, de manière à ne le faire revenir que tard, en sorte que nous étions exactement seuls. Il nous conduisit dans un appartement où nous n'avions pas encore été, situé dans le quartier le plus reculé.

Il nous fit entrer dans un petit salon, illuminé de toutes parts de bougies mises dans des girandoles posées à la hauteur où l'on pouvait facilement atteindre avec la main. Audessous d'elles régnaient tout alentour des glaces ordinairement couvertes de rideaux qui dans ce moment étaient relevés par des cordons et des glands qui les tenaient en festons, dont les pendants garnissaient les encoignures. Des bergères larges, fort basses et presque sans dossier, sur lesquelles étaient répandus des carrés de soie garnissaient le tour jusqu'à la hauteur où les glaces étaient placées. Audessus d'elles étaient enchâssés différents tableaux. Dieux ! quels objets, chère Eugénie ! Clinchtall et l'Arétin n'ont rien produit de plus voluptueux. Des sculptures de marbre blanc ou de stuc, les autres peintes à la gouache, présentaient de semblables sujets. Dans un des côtés était une niche ornée et éclairée de même, qui renfermait un meuble sur lequel la jouissance et la volupté avaient établi leur trône.

Ces peintures, ces sculptures, les vins et les liqueurs que nous avions pris, écartèrent et chassèrent loin de nous jusqu'à l'ombre de la contrainte ; le délire voluptueux s'empara de nos sens ; Bacchus et la Folie menaient le branle. Rose, inspirée par sa divinité chérie, nous donna le ton, et commença l'hymne du plaisir. Elle sautait au cou de mon papa ; elle embrassait Vernol ; elle me baisait et m'engageait de l'imiter ; elle arracha mon mouchoir qu'elle jeta à son frère ; elle fit voler le sien sur mon papa ; elle leur faisait baiser ses tétons ; elle les conduisait sur les miens ; nos bouches étaient couvertes de leurs lèvres.

Ces jeux, ces baisers, qui se répétaient dans les glaces, nous échauffèrent à l'excès. Nos joues étaient colorées, nos lèvres brûlantes et vermeilles, nos yeux animés et nos seins palpitants. Vernol, déjà dans un demi-désordre, le teint brillant, les yeux pleins de feu, me paraissait beau comme le jour. Je le regardai dans ce moment comme une jouissance divine dont tous les appas se réunirent en un seul trait, au centre de mes désirs ; il ne savait lui-même où il était ; mon papa calculait la gradation. Rose me fit tomber sur une bergère, elle appela Vernol pour l'aider ; elle me troussa, me donna de petits coups sur les fesses, et lui fit voir l'objet après lequel il soupirait. Je la pris à mon tour pour la renverser aussi, mais elle s'y jeta d'elle-même, et levant les pieds en l'air, elle mit au jour tous les appas qu'elle avait reçus de la nature ; son con, son cul, son ventre, ses cuisses, tout fut à découvert. Nous fûmes aussitôt tous les trois près d'elle à lui faire des caresses qu'elle souhaitait ; à peine avions-nous posé nos mains sur ses fesses, qu'après deux ou trois mouvements de reins, nous l'aperçûmes tortiller de l'œil, et nous vîmes couler la fontaine du plaisir. Nous nous apercevions bien l'une et l'autre que Vernol et mon papa bandaient de tout leur pouvoir. Le sillon relevé que leurs vits faisaient le long de leurs cuisses en portait le plus sûr témoignage.

Tout à coup Rose se releva, et s'élança vers mon père :

« Cher papa, je t'ai jeté le mouchoir ; tu seras mon mari et moi ta femme ; donne-moi ta main.

— Très volontiers, Rose ; mais il faut que la dernière cérémonie en soit.

— Ah ! de tout mon cœur ; mais Vernol a eu le mouchoir de Laurette, il faut aussi les unir ; y consens-tu ?

— Que ce soit comme tu le désires. »

Elle accourut prendre nos mains, qu'elle mit l'une dans l'autre ; elle nous fit embrasser, nos bouches se rencontrèrent ; elle porta sa main sur mes tétons, et nous fit appeler mari et femme.

Nous étions tous quatre vivement émus et très échauffés ; Rose brûlait.

« Qu'il serait délicieux dans ce moment, s'écria-t-elle, d'être dans un bain où nous puissions nous rafraîchir ! Le feu me dévore. »

Mon papa se leva et fut tirer un cordon qui était à côté de la niche. Aussitôt le dessus du meuble qui y était fut enlevé et découvrit un bassin à trois robinets qui jetaient à volonté de l'eau chaude, froide ou de senteur.

« Voilà qui est magnifique ; c'est ici le palais enchanté des divinités. Je vais, dit Rose, ressembler à une naïade, mais je ne serai pas seule. »

En peu d'instants elle parut avec les seuls ornements des nymphes ; elle s'empara de moi et pressa Vernol et mon papa de l'aider à me mettre dans le même état ; en un clin d'œil tout disparut de dessus moi. Rose fit signe à son frère, qui me montra bientôt un sylvain, pendant qu'elle et moi nous prêtions notre secours à mon papa. Mes regards furtifs avaient déjà détaillé Vernol ; qu'il était bien fait, et qu'il me paraissait agréable ! La jeunesse et la fraîcheur brillaient de tous côtés ; au milieu de la blancheur et de l'éclat d'une jeune fille, on voyait le trait qui caractérisait un homme. Nous nous plongeâmes tous quatre à la fois dans ce bassin ; ils y étaient l'un et l'autre rayonnants de gloire.

Tout consumés d'un feu dévorant, nous étions semblables à des fournaises sur lesquelles on jette de l'eau et qui n'en deviennent que plus vives. Deux lances en arrêt nous menaçaient tour à tour, mais le combat ne nous effrayait pas ; en proie aux mains folâtres et passionnées, aux baisers amoureux et lascifs de nos tritons, nous leur rendions les mêmes caresses ; nous badinions avec leurs flèches : ils s'étaient emparés de nos carquois. Dans ce moment, mon papa eut la prudence de plonger l'éponge au fond du mien, lorsque j'y pensais le moins. Vernol voulait entrer en lice, mais par une adresse si naturelle aux femmes et si propre à aiguiser les désirs, je l'arrêtai et me sauvai du bassin.

Rose me suivit ; bientôt ils furent dehors ; la fraîcheur qu'ils sentirent en sortant leur donna sur la crête ; leur humilité momentanée nous laissa le temps de nous essuyer, et nous étant couvertes simplement de robes légères et transparentes, qui ne gênaient presque point la vue ni les larcins, et que mon papa tira d'une armoire cachée par une glace mobile, nous nous étendîmes sur les bergères. À peine y étions-nous qu'il fit descendre du plancher, après un autre cordon une table servie de mets délicats, de vins et de liqueurs semblables à ceux dont nous nous étions si bien coiffés, et qui nous achevèrent.

Tout y était propre à augmenter l'ardeur qui nous dévorait déjà. Vernol était dans une impatience prodigieuse ; mais ce que je n'aurais pas attendu de celle de Rose, elle ne perdit rien de sa gaîté. Pour moi, dont la volupté était plus délicate, je jouissais par les yeux, par les mains, mais j'étais moins empressée d'arriver au but, que j'envisageais avec plus de satisfaction en exaltant le désir, et je me trouvais en cela d'accord avec mon papa. Vernol et Rose furent donc obligés de modérer leur impatience, ce qui fut plus facile à Rose, qui par nos caresses et nos attouchements, avait déjà, de son aveu, ressenti trois fois les délices du plaisir. Enfin elle appela ce service le souper de noce ; l'Hymen n'y présidait guère, mais qu'importe, la Volupté y régnait : elle seule nous suffisait et nous enchantait. On la voyait au milieu de la table, couronnée par le dieu des jardins, tenant son sceptre en main ; dans les quatre coins, il y avait des groupes entrelacés et dans des attitudes qui annonçaient le plus doux des moments. Entre eux de vieux satyres jaloux présentant leurs offrandes, que des nymphes chassaient et que les plaisirs fuyaient ; tout inspirait, tout animait.

Rose, le verre et la bouteille en main, sa robe ouverte, développant ses appas et ses grâces, répandait la flamme dans nos veines ; ce qu'elle nous versait devenait un torrent de feu ; je désirais enfin moi-même avec violence, rien ne m'eût effrayée. Nos attraits, presque toujours à découvert, produisaient le même effet, et nous voyions sans cesse à nos yeux des signes palpables de leur pouvoir. Enfin, chère Eugénie, parlons sans figure, ils ne débandaient point. Rose, ne pouvant plus y tenir, s'écria :

« Vernol, prends ta femme ; pour moi, — se jetant entre les bras de mon papa, — je tiens mon mari ! »

Elle s'était déjà saisie de son vit, qu'elle fixait depuis longtemps ; déjà Vernol me tenait embrassée, et sa main s'était emparée de mon con, lorsque mon papa nous arrêta :

« Attendez, mes enfants, il y a une condition à laquelle j'attache ma complaisance ; il est juste que j'en sois payé. Si Vernol le met à Laure, je veux imiter cet homme de cour qui, faisant coucher avec sa femme un page qu'elle aimait, faisait dans le cul de ce page la même opération qu'il faisait dans le con de la dame ; il faut de même que pendant qu'il foutra Laure, que son cul soit à ma disposition. »

Je me persuadai dans l'instant que les beautés de Vernol lui avaient inspiré des désirs, comme ils avaient fait naître les miens ; j'en fus enchantée, j'en devenais plus libre de me livrer à mes désirs, et cette pensée me dégagea d'une entrave qui jusque-là m'avait donné quelque gêne. J'animai nos jeux avec les transports de la joie ; je tâchai d'y ajouter de ma part tout ce qui pouvait les rendre plus charmants ; je me saisis de Vernol, j'arrachai sa robe, je présentai son cul, j'écartai ses fesses charmantes, son vit m'enfonçait le ventre...

« Non, Vernol, non, ne te flatte pas de me le mettre sans cette condition. »

Rose, qui avait vu que mon papa me l'avait mis de même, s'écria qu'il n'avait pas à balancer, et jura qu'elle le tiendrait plutôt.

« Quoi ! dit Vernol, quel serait donc l'obstacle qui pourrait m'arrêter ? Depuis longtemps je suis à la torture, que ne ferais-je pas, belle Laurette, pour jouir de vous et mourir dans vos bras !

— En ce cas, dit mon papa, Rose sera aussi de la partie. »

Dans ce moment, la table fut enlevée et le bassin recouvert ; un coussin épais en remplissait l'étendue, et était enveloppé d'un satin couleur puce, si propre à relever la blancheur. Cette niche était le vrai sanctuaire de la volupté. Nous fûmes à l'instant débarrassés de tout ce qui nous était étranger, et nous montâmes sur cet autel avec les seuls ornements de la nature, tels qu'ils étaient nécessaires pour offrir nos vœux à la divinité que nous allions encenser, et pour les sacrifices que nous allions lui faire. Les glaces répétaient de tous côtés nos différents attraits. J'admirais ceux de Vernol ; ce beau garçon me prit dans ses bras, il me couvrit de baisers et de caresses ; il bandait de toute sa force. Je tenais son vit ; mon papa maniait ses fesses d'une main, et de l'autre les tétons et le con de Rose, qui nous caressait tous trois.

Cédant enfin à nos fureurs amoureuses, Vernol me renversa, écarta mes cuisses, baisa ma motte, mon con, y mit sa langue, suça mon clitoris, se coucha sur moi et me fit entrer son vit jusqu'aux gardes. Mon papa se mit aussitôt sur lui ; Rose était sur les genoux, appuyée sur les coudes, son con tourné de mon côté ; elle entrouvrit les fesses de Vernol, en mouilla l'entrée, et conduisit le vit de mon papa dans la route qu'elle lui avait préparée. Pendant qu'ils agissaient, elle chatouillait les couilles de l'un et de l'autre. Je tenais son con, j'y mettais le doigt, je la branlais ; bientôt ma main fut toute mouillée ; ses transports, qui parurent les premiers, nous excitèrent vivement ; Vernol la suivit de près ; mon papa s'en aperçut : il hâta sa course, qui m'était favorable ; je doublai ses mouvements, et nous tombâmes presque aussitôt dans la même extase ; nos trois individus, unis, n'en faisaient pour ainsi dire plus qu'un, que Rose couvrait de ses baisers.

Revenus à nous-mêmes, nos caresses remplacèrent nos transports et remplirent le temps que le plaisir nous laissait à parcourir ; elles nous remirent bientôt en état de le ramener à nous. Vernol avoua qu'il n'en avait jamais ressenti de pareil.

« Il faut l'avoir connu, dit mon papa, pour pouvoir en juger. Viens ma chère Laurette, viens l'éprouver à ton tour. Vernol, moins fourni que moi, ne te procurera que des douceurs ; belle comme tu es, de quelque côté que ce soit, il n'a rien à perdre ; nous bandons, viens dans mes bras ! Rose fera pour lui ce qu'elle a fait pour moi, et branlera ton clitoris en arrière, par-dessous tes cuisses. »

Je me jetai sur lui, je le mangeai de caresses ; Rose introduisit son vit dans mon con ; elle ouvrit mon cul, elle mit le vit de Vernol dans sa bouche, elle en mouilla la tête, ainsi que le passage où il devait entrer, et le conduisit elle-même.

Placée comme elle était la première fois, elle me branlait

et caressait les fesses de Vernol, tandis que mon papa, le doigt dans son con, la branlait aussi. Le sublime plaisir annonça bientôt sa présence ; nous volions après lui, nous le saisîmes. Ah ! qu'il était grand ! Nous déchargions tous, nous étions inondés, le foutre ruisselait. Livrée aux plus vives sensations, j'étais dans un état convulsif. Après avoir été agitée comme un nageur qui se débat, un calme non moins voluptueux que le plaisir lui succéda. Ce resserrement, ce frottement dans toutes les parties délicates et sensibles où se trouve le trône de la suprême volupté, me la fit connaître dans l'extrémité de sa dernière période. Je ne pus mettre en parallèle avec cette journée que celle où j'avais fait le sacrifice volontaire de mon pucelage.

Il fallut enfin se reposer ; nous nous assîmes, et nous les engageâmes à reprendre, pour quelques instants, leurs habits ; mais nous ne fûmes guère plus tranquilles. Dans l'état où nous étions, nos yeux, nos mains, nos bouches, nos langues, tout rappela les désirs ; nous parlions foutrerie ; nos tétons, nos fesses, nos cons étaient maniés, baisés ; nous les rendions, ces caresses ; des vits et des couilles en étaient les objets. Bientôt les effets en parurent avec fierté ; nous le ressentîmes aussi, nous bandions tous encore, nos clitoris gonflés le démontraient aussi bien que la fermeté de leurs vits. Nous courûmes sur les traces du plaisir qui avait échappé ; nous le ramenâmes à nous, pour le laisser fuir encore ; mais je voulus que Rose eût une part plus solide que celle qui lui était tombée jusqu'alors. Je la fis coucher les genoux élevés ; mon papa se mit à côté d'elle, et passant ses cuisses par-dessous ses jambes, qu'elle mit en l'air, son vit se trouvait pointé sur le but ; je me mis sur elle, sa tête entre mes genoux et entre ceux de Vernol, qui me le mettait en levrette.

Je mis le vit de mon papa dans son con ; il se perdait et reparaissait tour à tour ; il prenait nos tétons à l'une et à l'autre ; je la branlais, elle me rendait le même office ; mon con était sur ses yeux ; le vit de Vernol qui allait et venait, ses couilles qui se balançaient, formaient un spectacle enchanteur pour elle, qui produisit un tel effet sur ses sens, que dans le même temps que nous mîmes à chercher le plaisir pour le savourer, Rose avait déjà ressenti quatre fois ses attraits ; quatre fois ses élancements et ses transports, ses expressions : « Je me meurs, je décharge ! » nous en donnèrent des preuves certaines ; enfin nos fouteurs de dessous se réunissant, Rose reçut, dans un cinquième et copieux épanchement de sa part, le foutre dont mon papa l'inonda.

Leur plaisir excitant le nôtre, nous jouîmes presque en même temps qu'eux de ces enchantements que nous nous hâtions d'atteindre. Rose se mourait ; si elle chérissait le plaisir, celui-ci ne la fuyait pas ; elle en ressentait les effets trois ou quatre fois contre nous une ; son con était une source de foutre ; il lui causait un plaisir si vif, qu'elle pinçait et mordait toutes les fois qu'elle le répandait. Enfin elle tomba dans un état d'anéantissement où l'on ne connaît et ne sent que l'excès des sensations délicieuses qu'il procure. Dès qu'elle en fut revenue, elle fit tant d'éloges de cette attitude, que je voulus jouir à mon tour de la même perspective ; aussi, dès que nos forces furent rétablies, nous n'y changeâmes presque rien ; je pris seulement la place qu'elle occupait, elle se mit sur moi, Vernol la foutait. Ma tête entre leurs cuisses, je voyais tous leurs mouvements, et nous nous branlions l'une l'autre pendant que le vit de mon papa fournissait pour moi sa carrière.

Ce quatrième acte fini, nous étions fatigués, brisés, excédés, nous avions grand besoin de réparer nos pertes. Nous nous relevâmes ; mon papa fit redescendre la table, et nous ranimâmes nos forces par les restaurants que nous prîmes. Le repos nous était bien nécessaire. Dès que la table fut relevée, nous nous couchâmes tous quatre les uns sur les autres, nos bras et nos cuisses entrelacés, tenant chacun le cher objet de tous nos vœux et le divin moteur de nos plaisirs.

Après une bonne heure de sommeil, Rose, éveillée par un songe voluptueux, nous tira bientôt de l'espèce de léthargie où nous étions plongés. Nos caresses et nos baisers recommencèrent ; mais loin de les précipiter, nous badinions avec nos désirs, pour en allonger la durée en multipliant la jouissance, en retardant l'approche du plaisir ; nous allions jusqu'à lui, nous le repoussions, il nous poursuivait. Rose l'avait déjà saisi deux ou trois fois ; à notre tour il nous atteignit aussi ; il n'est pas sûr de jouer avec lui ; il fut enfin victorieux, et nous terminâmes cette journée par un cinquième acte dont Rose fut l'héroïne.

Couchée sur mon papa, qui l'enfilait par le grand chemin, Vernol se présentait à la porte de derrière. J'avais pris l'attitude qu'elle avait tenue ; je mis tout en place et je lui rendis les mêmes services que j'en avais reçu, pendant que mon papa me prodiguait des caresses semblables ; mais, par un nouveau badinage, Vernol changeait de temps en temps de route ; il quittait celle où je l'avais conduit, pour aller s'accoler avec mon papa dans le chemin qu'il occupait. Rose trouvait admirable de les voir ensemble ; il était heureux pour elle que la même voie pût se prêter à deux de front ; mais au dernier moment, Vernol reprit le sentier où je l'avais guidé, et qu'il avait occupé d'abord. Elle trouva ce dénouement divin et supérieur à tout ce qu'elle avait éprouvé jusqu'alors ; aussi s'écria-t-elle dans son enthousiasme :

« Que je serais heureuse et que la mort me serait douce, si je perdais la vie dans un moment si délicieux ! »

Nous rîmes de son idée, et nous la trouvâmes bien analogue à son tempérament et à sa façon de penser.

Avant de reprendre nos vêtements, mon père découvrit de nouveau le bassin ; je fus enchantée de ce coin ; je m'y plongeai dans l'instant ; ils m'y suivirent aussitôt. Je retirai l'éponge et j'introduisis de l'eau dans le lieu qu'elle avait occupé. Cette première ablution faite, nous la renouvelâmes, et nous fîmes couler une essence qui nous embauma. Ce second bain porta le calme et la fraîcheur dans tous nos sens. L'heure s'avançait, nous nous hâtâmes d'en sortir. Après nous être rhabillés, nous fîmes encore quelques tours dans les jardins ; enfin nous remontâmes en voiture sur les huit heures, et nous rentrâmes en ville une heure après.

Depuis ce jour, dans les premiers temps qui le suivirent, Rose ne cessait de me presser de répéter cette scène. Je m'y prêtai d'abord ; peu après je ne me rendais que par complaisance pour elle, qui sur la fin en était seule le coryphée ; enfin elle me devint insipide, je l'aurais trouvée même à charge, si mon papa n'eût été de la partie. Cette dégradation ne lui avait point échappé ; il en fut enchanté. Mon ivresse pour Vernol, que mes yeux et mes sens avaient seuls produite, et où le cœur n'avait point de part, se dissipait tous les jours ; soustraction faite de sa figure et de sa douceur, on ne trouvait plus rien en lui ; elle s'éteignit totalement, et ne me laissa que des regrets ; je revins tout entière au penchant de mon cœur et à mon attachement qui, loin de diminuer, avait pris de nouvelles forces.

Je regardais mon père comme un homme extraordinaire, unique, un vrai philosophe au-dessus de tout, mais en même temps aimable et fait pour toucher réellement un cœur ; je l'aimais, je l'adorais. Ah ! chère Eugénie, ce sont les qualités de l'âme qui seules nous fixent, nous enchaînent indépendamment des sens, et coupent les ailes de notre inconstance naturelle. Les hommes qui réfléchissent n'y résistent point quand ils les rencontrent, et toute leur infidélité leur cède ; enfin j'étais le seul objet de sa tendre affection, comme il l'était de celle de mon cœur. Les événements qui suivirent achevèrent d'anéantir ces liaisons que j'avais déjà commencé de rompre.

Une aventure où Rose brisa plusieurs lances avec trop d'effronterie et d'imprudence acheva de m'éloigner d'elle et de Vernol, lorsqu'ils m'en eurent fait un détail que je sus tirer d'eux. Je fus convaincue que la délicatesse des sentiments n'habitait point leurs cœurs, et qu'ils n'avaient l'un et l'autre que ceux de la passion la plus effrénée et la plus indiscrète. Cette manière d'être et de penser n'étant point conforme avec la mienne, je fus entièrement édifiée sur leur compte.

Je t'ai déjà dit que je ne les voyais plus aussi souvent, ce qui les engageait à chercher de leur côté tous les amusements qu'ils pouvaient se procurer ; la promenade en faisait partie. Vernol conduisant un jour Rose dans un jardin public, rencontra quatre de ses camarades de collège, dont le plus âgé avait à peine vingt ans. Reconnaissance, essor de joie, embrassades, questions multipliées : D'où viens-tu ? que fais-tu ? où vas-tu ? quelle est cette belle ?...

La réponse à la dernière demande donna lieu à nos jeunes gens de faire des révérences et des compliments qui sûrement ne déplaisaient point à Rose. Satisfaits sur les autres points, ils se déterminèrent à engager Vernol à être de leur partie. Il était question d'aller hors de la ville se régaler d'une collation dans quelque endroit commode ; ils n'essuyèrent point de refus de la part de Vernol et encore moins de Rose : ils partirent.

Dans les premiers transports de joie, nos jeunes gens avaient oublié les conventions qu'ils avaient prises ensemble ; mais le plus âgé, en même temps le plus rusé, par ce que tu vas voir ensuite, ne les avait pas perdues de vue. Il tenait Rose avec un autre sous les bras ; les petits propos, les cajoleries, les expressions énigmatiques allaient leur train. On était encore dans la belle saison ; on marchait assez vite. En arrivant, on monte dans une chambre ; Rose avait chaud, elle se jeta sur un lit, découvrit sa gorge, et laissa pencher une jambe qu'elle savait avoir bien faite ; aussi en reçut-elle des éloges qui l'enivrèrent.

On fit apporter mets, vins et liqueurs de diverses sortes ; les têtes commencèrent à s'échauffer. Rose sablait, tous en faisaient autant. Dans cette disposition, les propos, les chansons s'égayèrent, la liberté s'en mêla, les baisers trottaient ; le feu prit et l'incendie se communiqua. Le plus âgé, plus hardi et plus expérimenté que les autres, prit Vernol dans une embrasure, et lui fit part des conventions qu'ils avaient faites avant de partir. Vernol ne put s'empêcher d'en rire de tout son cœur. Rose, curieuse à son ordinaire, voulut absolument savoir ce qui lui en donnait lieu ; elle l'appela, le pressa ; il ne fit pas de difficulté de lui raconter que ses camarades étaient convenus entre eux, avant de les avoir rencontrés, que celui des quatre qui aurait le vit le plus petit, payerait pour tous la bonne chère, et que celui qui l'aurait le plus gros ferait présent de ce qui serait bu.

Dans les transports, les éclats de rire et les élans que ce récit fit faire à Rose, elle s'agita de façon, en levant une jambe, qu'elle fit voir presque tout ce qu'elle avait de caché, et dans ce premier mouvement, elle s'écria : « Qui donc en sera le juge ? — Vous-même ! », lui dit le plus effronté, voyant bien que Vernol lui avait rendu compte de ce qu'il avait appris. Rose, animée par le vin et par une idée aussi flatteuse pour elle, répondit que certainement elle serait le meilleur juge et le plus en état d'en décider qu'aucun d'eux. De ce moment, on ne se gêna plus ; les expressions les plus hardies, accompagnées de vin et mêlées de caresses, passaient de bouche en bouche.

Rose, comme un vaillant champion, tenait tête à tous ; mais elle se préparait à d'autres assauts qui l'intéressaient davantage, et voulant en venir au plus tôt à des effets où elle trouvait plus de solidité, elle appela Vernol, et lui passant un bras autour du cou, elle pencha sa tête sur ses tétons, qu'elle lui faisait baiser, puis coulant sa main plus bas, elle s'empara de son vit ; lui, de son côté, glissant la sienne sous ses jupes, se saisit de son con. Ses jupes à demi soulevées ne laissaient rien apercevoir encore ; mais relevant un genou, cela facilita la découverte de ce centre du plaisir.

Cette vue les anima de telle sorte, qu'ils l'entourèrent, l'un lui prenant une fesse, l'autre une cuisse, un autre les tétons : chacun en tenait un morceau ! Rose, faisant relever Vernol, leur demanda, en leur montrant son vit qu'elle tenait, s'ils pouvaient lui faire voir quelque chose de pareil. Chacun mit aussitôt les armes à la main ; elle eut alors le spectacle, enchanteur à ses yeux, de voir à la fois cinq vits bandés, fiers et menaçants, qui lui proposaient le combat, quoique certains d'être vaincus.

Rose aussitôt, se relevant et s'asseyant sur le lit, les genoux relevés et écartés, le lieu de la joute totalement à découvert, et présentant la bague :

« Je pourrais, dit-elle, décider la question au coup d'œil ; mais, puisque je dois juger, je veux y procéder avec tout le scrupule possible et même y joindre, s'il le faut, une mesure qui m'est propre ; cependant, commençons ! »

Elle les fit ranger tous cinq, en leur faisant mettre toutes les pièces à découvert, et prenant son lacet, elle les mesura avec la plus grande exactitude, tant en longueur qu'en grosseur, soupesant même avec attention leurs dépendances ; le maniement de tous ces vits fit une telle impression sur elle, que, se laissant aller sur le dos, et donnant deux ou trois coups de cul, elle leur fit connaître qu'elle déchargeait.

Tous voulaient dans cet instant monter sur elle, mais elle les arrêta :

« Je veux avant, dit-elle, prononcer mon jugement. »

Le plus âgé fut tenu de payer les vins et les liqueurs ; Vernol aurait été chargé du restant, s'il n'eût été par tous excepté des obligations de la convention dont il n'était pas.

Ce fut au second, presque du même âge que le premier, que cette chance tomba, n'étant guère mieux fourni que Vernol. Il était d'une figure agréable, et Rose, pour dissiper le chagrin qu'il témoignait, lui promit qu'il serait le premier à passer aux épreuves ; elle les désirait avec passion : tous ces vits, toutes ces couilles l'avaient mise en fureur.

Ils la prièrent de les y admettre ; elle ne se fit pas presser, et se renversant sur le lit, elle tendit la main à celui auquel elle l'avait promis, qui, sautant sur elle, enfonça sur-le-champ son dard dans l'anneau qu'elle lui présentait ; Vernol le suivit et les trois autres à leur tour, selon la gradation qu'elle avait observée. Rose, enchantée, arrosée de foutre, nageait dans le plaisir ; sans cesse déchargeant, à peine avait-elle le temps de respirer ; l'un n'avait pas plutôt quitté la lice, que l'autre aussitôt y rentrait.

Enfin il fallut se reposer un moment. On était fort échauffé : boire, rire et caresser remplirent les entractes. Rose était toute livrée aux baisers et aux mains fourrageuses de ses cinq fouteurs ; ils ne purent la souffrir plus longtemps couverte du moindre voile ; bientôt elle fut mise dans l'état où étaient les trois déesses au jugement de Pâris.

Tous, jeunes, vigoureux, ne la virent pas plus tôt ainsi, que leurs désirs se montrèrent plus furieux. Rose aurait cédé volontiers la ceinture de Vénus pour une guirlande de cons, afin de les recevoir tous à la fois, à moins que cette ceinture de la mère des amours ne fût de cette espèce, mais n'en pouvant avoir que deux, elle changea la scène, en faisant mettre le plus gros et le plus long couché sur le lit, la tête au pied ; elle se mit sur lui, les tétons appuyés sur sa bouche ; le moins avantagé se mit sur elle entre leurs cuisses ; chacun prit la route qui lui était présentée ; de chaque main elle tenait le vit des deux autres, et réserva Vernol, dont elle prit le hochet entre ses lèvres, qu'elle chatouillait et suçait du bout de sa langue.

Enfin, Rose au milieu du foutre qui ruisselait de toutes parts, demeura victorieuse, après qu'ils se furent présentés entre eux vingt-deux fois au combat, et qu'elle eut arrosé trente-neuf fois par elle-même le champ de bataille ; elle était excédée, mais ivre de plaisir. Je la vis le lendemain ; je la trouvai mourante, les yeux languissants et abattus. Surpris de la trouver dans cet état, je la questionnai avec tendresse, et je la pressai tant, qu'elle et Vernol me firent enfin l'aveu de cette orgie.

Je ne me mêlai pas de leur donner des conseils, je voyais trop combien ils seraient inutiles ; je ne daignai pas même les blâmer, aussi je ne mets pas en doute qu'elle ne l'ait renouvelée aussitôt qu'elle l'a pu ; mais je ne mis plus à même de l'apprendre, et de ce moment je ne les vis plus.

Rose, livrée sans frein à la passion furieuse dont elle faisait l'idole de son bonheur, à la fin y succomba. Ses règles n'avaient point paru ; elle ne fut pas longtemps sans essuyer un épuisement total, suivi de vapeurs affreuses. Sa vue s'en ressentit, elle ne ressemblait qu'à une ombre ambulante. Sa gaîté fut totalement perdue, et un dépérissement produit par une fièvre lente la conduisit au tombeau.

Vernol, qu'elle avait jeté dans le même excès fut saisi d'une fièvre putride dont il eut beaucoup de peine à revenir, et peu de mois après son rétablissement, la petite vérole lui fit essuyer des ravages qui le défigurèrent totalement ; il fut encore très mal et ne fit que languir depuis.

Mon père avait prévu tous ces événements, nous nous entretenions souvent sur ce sujet. Je sentis mieux que jamais le prix de ses soins, et mon cœur avait peine à soutenir les épanouissements qu'il ressentait pour lui. Nous nous ménageâmes de plus en plus ; plus tendres, plus voluptueux et délicats que passionnés, nous passions souvent des nuits dans les bras l'un de l'autre sans autre plaisir que celui d'y être, accompagné de douces caresses.

Quelquefois, rappelant à ma mémoire ce qui s'était passé, le souvenir m'en donnait un vrai chagrin, et dans une de ces nuits heureuses où mon cœur, plein de lui, jouissait de toute sa félicité, il m'échappa de le lui faire connaître ; j'en versais des larmes.

« Qu'as-tu donc, ma chère Laurette ? Pourquoi répands-tu des pleurs ? Tes joues viennent d'en mouiller les miennes.

— Ah ! cher papa, vous ne devez plus m'aimer, vous ne pouvez plus estimer votre fille. Je ne peux concevoir comment dépendante de vous et de vos volontés, vous ayez pu vous prêter aux écarts et aux extravagances d'une imagination fascinée, et permettre que je m'y livre.

— Es-tu folle, ma chère enfant ? Crois-tu que je fasse dépendre mon estime et mon amitié des préjugés reçus ? Qu'importe qu'une femme ait été dans les bras d'un autre amant, si les qualités de son cœur, si l'égalité de son humeur, la douceur de son caractère, les agréments de son esprit et les grâces de sa personne n'en sont point altérés, et si elle est encore susceptible d'un tendre attachement ? Crois-tu qu'elle ait moins de prix qu'une veuve, à mérite égal, sur qui l'on aura jeté quelques gouttes d'eau, et marmotté des paroles pour lui permettre de coucher avec un homme au su de tout le monde, et d'en promener les fruits avec ostentation ? Dis-moi, n'en a-t-elle pas plus que tant de veuves, et même de prétendues filles dont le mérite est inférieur ? Les femmes sont-elles donc comme les chevaux, auxquels on ne met de prix qu'à proportion qu'ils sont neufs ? Écoute mes principes, ma chère fille ; je serai satisfait, s'ils peuvent te tranquilliser et te persuader que je t'aime aussi tendrement et que je ne t'estime pas moins qu'auparavant.

« Rien ne me surprend si peu que de voir faire une infidélité, quoiqu'on ait le cœur rempli d'une affection bien tendre pour un objet qu'on chérit uniquement ; j'en suis un exemple pour toi. Je t'aime, ma Laurette, et mon amour est né presque avec toi ; je peux même assurer que tu avais à peine sept ans, que je n'aimais uniquement que toi ; tu remplis entièrement mon cœur ; t'en ai-je moins fait infidélité avec Lucette, avec Rose et même avec Vernol ? Crois-moi, cette action, qui tient à la constitution de nos organes, est trop naturelle pour n'être pas pardonnable, tandis que l'inconstance, qui provient du sentiment, ne me le paraît pas, lorsque l'objet auquel nous sommes engagés par les liens de l'estime, de la bonne foi, de la reconnaissance, et par son attachement ne nous en donne pas lieu. Encore faut-il des sujets très graves pour autoriser un dégagement entier, comme la méchanceté du cœur, l'aigreur dans le caractère et l'emportement journalier dans une humeur récalcitrante ; mais j'ai supposé un choix heureux : alors l'inconstance, suivant moi, décèle un cœur léger, ingrat, perfide et mauvais ; je n'en ferai jamais un ami. Tout homme capable de perfidie et d'inconstance pour une femme qui a de la délicatesse dans les sentiments et un esprit agréable et cultivé ; qui s'est livrée à lui et à sa discrétion, est toujours perfide et inconstant pour son ami ; mais l'infidélité passagère ne démontre qu'un tempérament susceptible d'irritation, que souvent le besoin, l'occasion, ou même des circonstances imprévues auxquelles on ne peut se refuser, engagent à satisfaire.

« Nous sommes composés de contradictions apparentes, la volonté n'est souvent pas d'accord avec nos actions, parce qu'elles ne dépendent pas d'elle ; souvent nous ressentons des impulsions qui conduisent à des résultats qui paraissent contradictoires, quoiqu'ils partent cependant de la même source, et celui qui a reconnu un sixième sens dans le centre de nos individus, en connaissait bien la nature. En effet, dépend-il de notre volonté de le faire agir ou non ? il n'est point soumis à ses lois. Tout en nous, au contraire, l'est à notre organisation et à la fermentation des liqueurs qui la mettent en mouvement. Rien ne peut s'y opposer ni les changer, que le temps seul, qui détruit tout. C'est à cet ensemble qui compose chaque être différent que se rapportent les variétés qu'on y découvre, et c'est encore du sort donné à chacun d'eux qu'ils tiennent cet ensemble qui s'y rapporte avec une liaison parfaite.

« Nos sens éprouvent dans l'union des sexes des impressions dont nous ne sommes pas les maîtres. Tel objet frappe, séduit, inspire des désirs aux uns, qui ne produit rien sur les autres, quoique réellement agréable ; j'en ai vu bien des exemples. Sommes-nous affectés par un objet ? tout nous y entraîne ou nous y porte ; quelquefois nous haïssons son humeur et son caractère, cependant il fait naître en nous l'idée d'un plaisir vil, nous en sentons l'effet ; le sixième sens s'élève, nous désirons, nous voulons en jouir à quelque prix que ce soit, sans avoir le dessein de nous y attacher, et souvent on le fuit après l'avoir possédé.

« En un mot, attachements solides, goûts passagers, tout est dans le cercle que nous avons à parcourir. Si nous trouvons de la résistance à nos poursuites, l'amour-propre vient se mêler de l'entreprise et l'on emploie plus de souplesse et de moyens réunis pour vaincre cette résistance que pour attaquer ceux qu'on estime et qu'on chérit le plus.

« Enfin la volupté, l'ambition et l'avarice, passions qui du plus au moins mènent et maîtrisent tous les hommes pendant leur vie, nous déterminent et nous entraînent nécessairement dans un enchaînement de circonstances qui forment le tissu dont notre existence est enveloppée, et fais-y bien attention, ma Laure, ces trois mobiles, qu'on pare souvent de voiles brillants et de noms adoucis, sont les seuls qui mettent en mouvement les humains et qui les gouvernent : tels individus par un, par deux ; tels autres par tous les trois ensemble, suivant la marche qui leur est tracée et la carrière qu'ils ont à parcourir.

« Si l'on a reçu de la nature et du rôle qu'on doit faire un cœur susceptible d'une passion forte et durable, d'un attachement tendre et délicat, c'est l'analogie des humeurs et des caractères qui les approche et les unit. L'idée du plaisir est plus éloignée ; on en est moins affecté que par l'intimité d'une union remplie de douceurs et d'agréments, qui allie les esprits et les goûts. On est méprisable de relâcher, par sa faute, des liens de fleurs que vivifie et entretient l'aménité ; aussi ses chaînes sont-elles bien difficiles à rompre et cette modification dans les individus a des influences bien plus déterminées. On y mêle, il est vrai, les sensations du plaisir, mais leur genre a quelque chose de différent. Il est un âge où tout ce que je te dis, ma chère Laurette, paraît fable ; cependant il est puisé dans la nature.

« Arrive enfin, à pas plus ou moins lents, l'*habitude*, qui sans éteindre les sentiments, sans détruire ses liens aimables, émousse néanmoins cette pointe de volupté, amortit cette vivacité de désirs qu'un nouvel objet fait renaître, désirs qui semblent ajouter à notre existence et font mieux sentir le prix et les charmes de la vie dont on jouit ; mais on n'en est pas moins fixé. Si l'on peut avoir assez de raison et de fermeté pour sacrifier une fantaisie, un caprice, un écart momentané qui pourrait détruire l'accord d'une union intime, il n'y a pas à balancer mais la jalousie, qui vient y jeter ses serpents, ne la détruit-elle pas plus encore que cette infidélité passagère ? et n'est-il pas nécessaire que de part et d'autre on sache se prêter sans humeur et sans tracasseries aux lois imposées par la nature, dont la puissance est invincible ?

« Écoutons sa voix, elle parle partout : ne fermons point nos oreilles et notre entendement à ce qu'elle prononce et démontre ; elle annonce en tout la variété, et même que tout finit. Pourquoi se plaindre d'une loi qui ne peut être éludée, à laquelle nous sommes absolument soumis, et aussi despotique que celle de la destruction qui anéantit la modification de notre être ? L'amour-propre et ce fatal égoïsme nous y font résister. Eh bien ! qu'on ne la seconde pas, cette loi, elle n'en a pas besoin, mais qu'on détourne la vue sans aigreur.

« Beaucoup de nations plus près de ces principes, moins écartées de ces impressions primitives, en suivent bien mieux l'impulsion que nous, qui, à force de polissure, sommes si éloignés de ses premières notions.

« Jette les yeux, ma chère Laure, sur toutes les espèces d'animaux répandus sur notre globe : voit-on les femelles enchaînées aux mâles qu'elles ont eu l'année précédente ? La tourterelle, dont on fait une peinture qui n'est si touchante que parce qu'elle éveille et pique notre amour-propre, ne reste dans le même ménage que jusqu'au temps où sa famille n'a plus besoin d'elle ; souvent le même été la voit choisir un nouveau favori.

« Cherche d'autres exemples, ils sont pareils. Consultons la nature : quels ont été son but et ses desseins ? La reproduction des êtres, et elle n'a imprimé tant de plaisir dans l'union des sexes que pour y parvenir d'une manière agréable et par conséquent plus sûre. Le plaisir est même si dominant dans notre espèce, que souvent il nous fait agir malgré nous. Si je me suis détourné de ce but avec toi, nos coutumes et nos préjugés m'en ont imposé l'obligation absolue ; mais ce dessein est si marqué qu'un homme bien constitué peut, en jouissant de plusieurs femmes fécondes, se reproduire autant de fois qu'il en aura connu. Si dans les deux sexes on trouve des individus qui ne répondent pas à ces vues, c'est une erreur passagère de constitution qui ne détruit pas les lois générales.

« J'avoue que cette faveur faite aux hommes ne rejaillit pas sur les femmes ; elles ne peuvent ordinairement produire qu'un seul être ; plusieurs hommes n'en feraient pas éclore davantage, et souvent même un mélange trop prompt détruirait le germe fructifiant, s'il n'avait pas été bien fixé, sans compter encore les fâcheux effets qui résulteraient d'un mélange diversifié et très prochainement successif ; cependant, si le premier germe avait pris de profondes racines, et qu'à quelque temps le même homme, ou un autre, anime et vivifie un nouveau germe, elles peuvent produire un second fruit, et même un troisième, mais ces cas ne sont pas dans le cours commun de la nature pour notre espèce.

« Si cette nature a comblé les hommes de faveurs, elle n'a pas été tout à fait injuste ni marâtre envers elles : les femmes portent un vide qu'une nécessité perpétuelle, un appétit indépendant d'elles les porte à remplir ; si l'un ne le peut, ou ne le veut pas, un sentiment plus fort qu'elles et que tous leurs préjugés en appelle un autre ; mais le choix dépend de leur goût. En effet, pourquoi vouloir absolument qu'elles souffrent les approches et les caresses de tel objet qu'elles abhorrent ? Que peut produire une union qu'elles détestent et qui les révolte ? Rien, ou des avortons qu'elles ont en horreur. Combien en voit-on d'exemples ? C'est dans de pareilles conjonctures, qui ne sont que trop multipliées, que le secours d'une désunion entière serait bien nécessaire. Elles tiennent de leur existence et de leur constitution le droit de choisir et même de changer si elles se sont trompées. Eh ! qui ne se trompe pas ? Enfin, c'est ce droit né avec elles qui les rend plus inconstantes que les hommes, qui tiennent des lois générales d'êtres plus infidèles.

« S'il est en elles, par la constitution de leur sexe, un degré de volupté plus grand, un plaisir plus vif et plus durable que dans le nôtre, qui les dédommage en quelque sorte des accidents et des peines auxquels elles sont soumises, quelle injustice de leur en faire un crime ? Leur tempérament dépend-il d'elles ? De qui l'ont-elles reçu ? Leur imagination, plus aisément frappée, est plus vivement affectée, en raison de la délicatesse et de la sensibilité de leurs organes ; leur curiosité excessive et ce tempérament animé leur présentent des images qui les émeuvent violemment, et qui les obligent à succomber d'autant plus aisément, que le moment présent est en général ce qui les remue avec le plus d'énergie.

« Écartons donc la contrainte produite par la jalousie, enfantée par l'amour-propre et l'égoïsme ; elles reviendront bientôt d'elles-mêmes, et sauront mieux que les hommes connaître leurs pertes. Il se trouvera, sans doute, des exceptions, mais où n'y en a-t-il point ? D'ailleurs mériteront-elles des regrets ? Apprenons donc à nous prêter à leur essence ; rendons plus léger le joug qui leur est imposé ; chargeons de fleurs les liens dans lesquels elles sont engagées, pour captiver leur esprit, subjuguer leur cœur, et fixer l'inconstance qu'elles ont reçue de la nature. Passons-leur une infidélité, s'il est nécessaire, pour ne point les aliéner, ce qui arriverait bientôt sans doute si les chaînes leur paraissaient trop pesantes et trop resserrées ; sans cela cette belle moitié du genre humain serait trop malheureuse. Mais ce qu'il y a de singulier, si ces principes ne sont point autorisés, ils n'en sont pas souvent moins suivis en beaucoup de parties et dans bien des climats.

— Mais, cher papa, si les femmes n'ont pas reçu, comme les hommes, un droit à l'infidélité, pourquoi voit-on un nombre d'entre elles qui non seulement s'arrogent une pareille prétention, mais encore qui la portent beaucoup plus loin, puisqu'elles la poussent jusqu'à la publicité ? Il faut donc que ce penchant tienne autant à la constitution de notre sexe qu'à celle du tien.

— Erreur, ma fille ; dans ton sexe, c'est un écart excessif des lois générales de la nature, dans lequel les individus sont portés ou entraînés par un assemblage de circonstances où il entre souvent de la nécessité, où souvent aussi le penchant n'entre pour rien, et dans lequel la plus grande partie ne reste que par les mêmes circonstances dont la chaîne se perpétue, ou par fainéantise, habitude, gourmandise, mépris d'elles-mêmes, et tant d'autres raisons que je ne peux te détailler.

« Tu vas voir, par les effets qui en résultent, que la nature même s'y oppose fortement, puisque cet écart, poussé jusqu'à sa dernière période, apporte avec lui des malheurs, des maux affreux, des suites fâcheuses, et tout ce qu'on peut imaginer de plus funeste, effets qui ne sont point produits par l'infidélité des hommes qui ne voient point de femmes publiques.

« Je dois, en premier lieu, te faire une comparaison qui te rendra plus sensibles et plus claires ces lois générales de la nature. Que dans vingt vases différents on verse une même liqueur, qu'on la survide dans le vaisseau d'où elle est sortie, elle ne change point de nature, elle sera tout au plus affaiblie par le transvasement, si elle est spiritueuse ; mais que dans un même vase on verse vingt liqueurs différentes et hétérogènes, il s'établit une fermentation qui change la combinaison naturelle de ces liqueurs ; qu'on vide ce vase, sans le rincer ni l'essuyer, les parois infectées de la liqueur fermentée suffiront pour insinuer un levain qui changera l'essence d'une seule des vingt qu'on remettrait dedans ; ou qu'on prenne une goutte de cet assemblage fermenté, et qu'on la mette dans le vaisseau qui en contient une seule, l'effet en sera de même.

« De cet exemple, voici les conséquences : qu'un homme sain se joigne à plusieurs femmes, il ne peut en résulter aucun mal ; c'est la même liqueur versée dans plusieurs vases ; mais qu'une femme, fût-elle même très saine, s'unisse à plusieurs hommes coup sur coup, qui ne seraient pas infectés, cette diversité de semence produira, par la chaleur du lieu, les effets les plus dangereux.

« Qu'une fille, une femme jeune, jolie, libre et indépendante, mais de la lie du peuple, et partant sans éducation, sans soin, sans propreté, sans précaution, se trouve abandonnée à la publicité, soit par son propre besoin, soit par celui de vieilles coquines qui, fondant sur ses appas leurs avantages, la dirigent et l'entraînent dans cette affreuse conduite ; soit par les suites d'un engagement où la séduction des hommes l'aura jetée ; soit enfin par tempérament ou libertinage de caractère, reçoive plusieurs hommes en un jour, et presque à la suite l'un de l'autre, il est constant qu'elle ne tardera pas à être infectée ; ce sont différentes liqueurs versées dans un même vase ; elle peut même être sujette à des flueurs blanches très âcres, à des reliquats de règles de mauvaise qualité, à des ulcères de matrice.

« Les semences de ces différents hommes, qui sont hétérogènes, soit par la diversité du tempérament des individus, soit par la prodigieuse différence qui se trouve dans l'état de leur santé, tels que ceux qui ont des maladies cutanées qui les rendent encore plus âpres auprès des femmes, tels encore que ceux qui ont des maladies habituelles qui n'ôtent point la puissance génératrice, et autres de cette espèce, mêlées les unes avec les autres dans le même lieu, où déjà se trouve quelquefois en lui-même une liqueur viciée, ou tout au moins en disposition de l'être, ces semences fermentent avec plus d'aisance et de promptitude par la chaleur, s'aigrissent, se tournent en acide, et deviennent un poison d'autant plus subtil que la matière qui l'a produit l'est elle-même ; ce qui prouve que les femmes ne sont point faites pour être infidèles, et encore moins pour la prostitution.

« D'après ce résumé, qui tient à la saine physique, à la raison et à l'expérience, il est certain que du moment où il s'est trouvé des femmes livrées à cet abandon général, la contagion a dû se développer dans les sources de la vie, ce qui n'est malheureusement que trop général, et de la plus vile populace, où elle a probablement commencé, elle est montée jusqu'aux grands.

« Mais puisqu'elle existe en action ou en puissance, il est sans doute nécessaire que des hommes éclairés, remplis de connaissances appuyées d'une longue expérience, cherchent tous les moyens de l'arrêter dans son principe, et les communiquent lorsqu'ils les ont trouvés. Il y en a, ma chère Laure, de ces hommes bienfaisants qui, sans redouter le blâme et les cris des sots, sont utiles non seulement à leurs contemporains, mais encore à la postérité, en découvrant sans fard et sans déguisement tout ce qu'ils ont acquis pour parvenir à parer aux accidents qui résultent de la prostitution des femmes.

« C'est encore ici, ma Laurette, un des avantages de l'éponge, mais elle ne suffit pas seule ; il s'agit de l'imbiber avant d'une liqueur où se trouve répandu un sel dont la ténuité est infinie, qui par ses préparations, étant un alcali puissant, s'unit avec précipitation aux seuls acides de la liqueur viciée, absorbe dans l'instant leur action, en détruit la nature, les réduit au moment même en sels neutres, et préserve par conséquent de contagion dans l'union des sexes, dont l'un ou l'autre serait infecté.

« Qu'une femme trempe l'éponge dans cette eau composée, qu'elle se l'introduise, elle peut, sans risque, s'unir de suite à plusieurs hommes, elle peut même recevoir un homme malsain ; ou, dans le cas de la contagion, ayant soin, pour plus de sûreté, de la retirer avec son petit cordon, aussitôt qu'il est dehors, de se laver et de s'injecter de la même eau, ou bien de remettre chaque fois une éponge imbibée de la même composition ; on peut ensuite laver ces éponges dans une quantité assez étendue d'eau simple, et s'en servir de nouveau en les retrempant dans l'eau composée.

« Si c'est un homme sain qui se joigne à une femme qui ne l'est pas, il peut de même lui introduire cette éponge trempée de cette composition[1], ayant attention, quand il

1. Il faut prendre dix-huit grains de sublimé corrosif réduit en poudre subtile dans un mortier de verre, avec son pilon de même ; on y mêle

sera dehors, de tremper le membre décalotté dans cette eau, qu'on aura soin de mettre dans un vase de verre, de faïence ou de porcelaine, et pour plus de sûreté, il en fera couler par injection, dans le canal, avec une petite seringue d'ivoire et non de métal ; s'il était d'une sensation très délicate dans cette partie, cette eau composée serait coupée par moitié avec de l'eau de rose ou de plantain. Je ne te dis rien, ma chère Laure, dont je ne sois très assuré par nombre d'expériences.

« Je pourrais, ma chère Laure, t'apporter encore nombre d'autres raisons pour te prouver que la nature n'a pas donné

---

une petite quantité d'esprit de vin, ou mieux, d'esprit de froment ; on le pile aussi ; par ce moyen, on évite l'évaporation de la poudre subtile, et on opère la dissolution que l'on rendra encore plus parfaite en ajoutant, sur la fin du broiement, une plus grande quantité d'esprit. Quand elle est faite, on y ajoute une décoction de vulnéraire de Suisse, d'une pincée de trois doigts, dans une petite cafetière : cette décoction sera faite comme du thé. On verse sur le tout deux pintes d'eau la plus limpide et la plus pure, distillée au feu de cendres, dans un alambic de verre, afin qu'il n'y ait point de sélénite ou autres sels étrangers. À ce mélange on joint encore deux pintes d'eau de chaux première, ce qui produit en tout quatre pintes.

L'eau de chaux se fait en prenant deux livres de chaux qu'on éteint doucement d'abord, et qu'on submerge ensuite, de façon qu'on puisse en retirer par inclinaison deux pintes claires et reposées, qu'on passe après dans un linge fin ou au papier gris : on les unit au premier mélange.

L'addition de ce sel de chaux change la nature du sublimé, se combine avec lui, le transmue en sel alcali qui, se joignant au sel acide du virus, le neutralise et amortit ses effets.

Cette composition suffit et est la meilleure : on peut cependant y ajouter dix-huit grains de sel volatil, de corne de cerf ou de vipère ; mais cette addition est superflue.

On ne saurait trop recommander aux femmes les lotions et les injections ; la très grande propreté leur est absolument nécessaire, et dans les pays où les bains sont d'usage ordinaire, les maux vénériens sont bien moins communs, ce qui prouve la nécessité des lotions.

le même droit aux femmes pour être infidèles ; mais il est constant qu'elle a mis dans leur cœur et dans leur manière d'être plus d'inconstance que dans notre sexe. On est fort heureux, quand un objet nous touche sensiblement, de ne pas essuyer cet événement, et dût-il nous en coûter quelque chose, il faut savoir faire un petit sacrifice pour éviter une perte totale. »

Dieux ! chère Eugénie, qu'il lisait bien dans mon cœur ! tu l'avoueras sans doute avec moi. Il dégagea mon âme, par cet exposé de ses sentiments, d'un poids qui la surchargeait, il lui rendit sa tranquillité, et la remplit d'une joie parfaite. Je voulais cependant encore éclaircir un soupçon que nos scènes de la campagne m'avaient donné, et je souhaitais qu'il se vérifiât pour ôter tout retour aux regrets que j'avais éprouvés, mais je n'eus pas lieu de tirer cet avantage de la demande que je lui fis :

« Je désire, cher papa, te faire une question sur laquelle je te prie de me satisfaire sans déguisement.

— Quoi donc, ma Laurette, pourrais-je en avoir pour toi, et te donner cet indigne exemple, après avoir cherché moi-même à te rendre toujours sincère ? Parle, la vérité dans ma bouche ne sera pas même fardée.

— Quand nous avons été la première fois à la campagne avec Rose et Vernol, après t'avoir entendu dire à quelle condition tu te prêtais à ma folie, je me suis persuadée que la vue des grâces de ce beau garçon avait fait naître tes désirs, comme il avait excité les miens, et que pour en jouir tu avais consenti à céder aux siens, en exigeant cette obligation de lui. Ma persuasion était-elle fondée ?

— Que tu t'es trompée, ma chère enfant ! J'avais des désirs, il est vrai ; tu en voyais les signes certains, eh ! qui n'en aurait pas eu ! mais les attraits et les charmes répandus sur toute ta personne en étaient les principaux mobiles ; la scène y ajoutait, mais Vernol n'y était pour rien. Je t'avoue même que le goût de beaucoup d'hommes pour leur sexe me paraît plus que bizarre, quoiqu'il soit répandu chez toutes les nations de la terre ; outre qu'il viole toutes les lois de la nature, il me paraît extravagant, à moins qu'on ne se trouve dans une disette absolue de femmes ; alors la nécessité est la première de toutes les lois. C'est ce qu'on voit dans les pensions, dans les collèges, dans les vaisseaux, dans les pays où les femmes sont enfermées, et ce qu'il y a de malheureux, ce goût, une fois pris, est préféré.

« Je ne vois pas du même œil celui des femmes pour le leur ; il ne me paraît pas extraordinaire, il tient même plus à leur essence, tout les y porte, quoiqu'il ne remplisse pas les vues générales, mais au moins il ne les distrait pas ordinairement de leur penchant pour les hommes. En effet, la contrainte presque générale où elles se trouvent, la Clôture sous laquelle on les tient, les prisons dans lesquelles elles sont renfermées chez presque toutes les nations, leur présentent l'idée illusoire du bonheur et du plaisir entre les bras d'une autre femme qui leur plaît ; point de dangers à courir, point de jalousie à essuyer de la part des hommes, point de médisance à éprouver, une discrétion certaine, plus de beautés, de grâces, de fraîcheur et de mignardises ? Que de raisons, chère enfant, pour les entraîner dans une tendre passion vis-à-vis d'une femme ! Il n'en est pas de même à l'égard des hommes, rien ne les y porte ; en général, ils ne manquent point de femmes, le chemin qu'ils recherchent n'est pas moins semé de dangers que celui qu'ils fuient dans les femmes ; enfin il me paraît contraire à tout, et tu dois te souvenir que c'est l'unique fois que j'aie agi de même avec Vernol. Si ce goût recherché me paraît plus que bizarre avec les hommes, ne pense pas que je le regarde de même avec les femmes ; un homme mal fourni, dans un vaste chemin, est obligé de chercher la voie étroite, pour répandre après la rosée bienfaisante dans le champ qu'il doit ensemencer ;

mais il y a plus, il existe des femmes qui ne peuvent être animées que par ce moyen, et chez elles l'entrée du sentier est presque toujours exempte d'épines.

« Voici donc les raisons de ma conduite avec Vernol : mon amour et ma complaisance, tous deux extrêmes pour toi, ma façon de penser exempte de préjugés, le vif désir de te plaire de toutes façons et de posséder ton affection entière, enfin la différence que je souhaitais que tu connusses entre les divers sentiments des hommes (car tu as dû juger que la passion de Vernol n'avait pour but que la jouissance), tous ces motifs m'ont fait condescendre à des désirs que tu aurais pu satisfaire à mon insu, si j'avais pris d'autres moyens ; désirs enfin qui t'auraient engagée à me regarder dans ton cœur comme un tyran jaloux, si je m'y étais opposé, et j'aurais perdu pour jamais ta tendresse et ce cœur dont seul je suis jaloux.

« Mais je ne voulais pas, en te souffrant dans les bras de Vernol, qu'il s'autorisât de ma complaisance pour toi, et qu'il s'en fît un titre pour penser intérieurement, ou pour parler d'une manière désavantageuse ; je désirais qu'il ne pût même, ainsi que Rose, songer au bonheur qu'il avait trouvé dans tes bras, sans se souvenir, en même temps, qu'il l'avait payé de sa personne, et que cette réflexion fut un frein pour ses idées et pour sa langue. Je le fis avec d'autant plus de raison, qu'en général, dans la jouissance des femmes, les hommes ne sont guère prudents ni discrets. Pour ajouter encore une preuve de ma franchise et de mes vues réelles, c'est que Rose, de ce côté-là, n'a pas reçu de ma part une pareille offrande, quoique cela soit plus naturel avec une femme, comme je te l'ai déjà dit, et que même elle y gagne presque toujours ; mais elle ne m'était pas nécessaire ; malgré que ce fût la première fois qu'elle eût essayé, j'ai laissé ces prémices à Vernol : juge de là si tu t'es trompée. »

Je pris mon papa dans mes bras, je le serrai contre mon cœur, je le pressai contre mon sein, je l'étouffai :

« Cher et tendre papa, je sens plus que jamais jusqu'où s'étendent tes bontés et ton amour pour ta Laurette ; tous les moments de mes jours seront désormais consacrés à te prouver le mien ; mes soins, ma complaisance, mes plus secrètes pensées, dont je te ferai part, enfin la constance et la fidélité de ma tendresse pour toi, en seront des témoignages continuels et des preuves certaines. »

Des baisers et des caresses sans nombre en furent les gages.

Je jouissais avec lui depuis près de quatre ans d'une tranquillité douce et charmante, j'en faisais toute ma félicité ; prévenante et prévenue, caressante et caressée, mes jours étaient filés par le plaisir et le bonheur, quant au bout de ce terme ils furent troublés par la mort de Lucette. Son souvenir m'était toujours bien cher. Il était le fruit de la sincère amitié que nous avions l'une pour l'autre ; en tout, sa conduite avait été guidée par la tendre affection qu'elle avait pour mon père et pour moi. J'avais trop bien connu la différence qu'il y avait entre elle et Rose, et je mettais à son attachement un tout autre prix ; mais la perte que je faisais était un préparatif aux tourments et aux noirs chagrins que je devais essuyer. Quel récit exiges-tu de moi, chère Eugénie ? Pourquoi renouveler ma douleur ? Mon cœur se déchire encore au souvenir de mon infortune ; les mêmes angoisses se font encore sentir avec une force pareille au moment de ce détail ; non, je ne puis passer outre.

Je reprends, trop chère amie, ce fatal et cruel récit que j'ai été forcée de suspendre ; je n'étais plus à moi, mon cœur était navré ; ma main tremblante laissait tomber ma plume, les sanglots m'étouffaient, mes yeux offusqués ne pouvaient retenir l'abondance de larmes où tu m'as vue plongée, et que ton amitié consolante aurait encore essuyées, si j'avais été près de toi. Enfin, mon cœur, un peu dégagé me rend la liberté de retracer mon malheur à tes yeux.

Tu sais que j'étais dans ma vingtième année, quand mon papa, le plus tendre et plus aimable des pères, et en même temps le plus chéri, duquel j'aurais voulu racheter la vie de tout mon sang, et dont la perte est irréparable pour moi, fut emporté par une fluxion de poitrine, dont tout l'art des médecins ne put le sauver. Je ne le quittais point, j'étais jour et nuit près de son lit, que j'arrosais de mes pleurs ; je m'efforçais de les cacher ; ma bouche était collée sur ses mains.

Ce spectacle le pénétrait ; il aurait voulu m'épargner celui de son état ; il tâchait de m'éloigner, mais il ne fut pas possible de m'y faire consentir ; je n'écoutais rien ; à peine pouvais-je prêter un peu d'attention à quelques conseils qu'il me donnait ; car il sentait sa situation et la soutenait avec fermeté ; enfin le coup me fut porté, et je reçus sur mes lèvres son dernier soupir. Ah ! quelle perte pour moi. Eugénie ! chère Eugénie ! mes yeux arrosent encore le papier sur lequel je trace ce douloureux récit. Je lui étais mille fois plus attachée que s'il eût été réellement mon père. Il m'avait fait connaître le comte de Norval, aux plaisirs duquel je devais le jour ; je l'avais vu sans émotion et sans autre intérêt que celui de la curiosité ; mon cœur ne disait rien. Le désir d'envisager celui qui avait contribué à mon existence était le seul qui me conduisait. Où est donc, disais-je en moi-même, cette voix intérieure qui nous porte vers ceux à qui nous devons la vie ?... Vains propos, chimères ! notre cœur parle, mais c'est pour ceux qui ont fait et préparé notre bonheur.

Enfin, ma douleur sombre, le désordre de mes facultés anéanties, le déchirement de mon cœur et mes regrets amers avaient totalement éloigné de moi le repos et le sommeil. L'embrasement se mit dans mes veines, et je fus moi-même très mal ; je voulais mourir, mais mon heure n'était pas venue, et ma jeunesse fut un des moyens dont le sort se servit pour me sauver. Aussitôt que j'eus repris des forces je n'eus d'autre pensée que de m'enterrer vive ; j'avais tout perdu ; la vie m'était odieuse. Un couvent fut le seul but de mes désirs ; aurais-je jamais pu croire y trouver quelque adoucissement à mes peines ? Mon chagrin serait encore dans toute sa force, s'il n'avait été modéré dans tes bras. Souffre, belle et tendre amie, que, pour ma propre satisfaction, je peigne à tes yeux mêmes l'image des doux instants que j'ai passés près de toi, et où tu as versé un baume salutaire sur les plaies de mon cœur. Ce penchant qu'on nomme sympathie, cet intérêt qu'on prend aux infortunés par la similitude où l'on peut se trouver avec eux, te fit concevoir de l'amitié pour moi, presque aussitôt que je fus dans ton couvent, où je voulais me fixer et pleurer en liberté ; tu pénétras l'état de mon cœur sans en connaître les motifs, tu vins essuyer mes larmes, tu quittas ta cellule pour dissiper ma langueur.

Ta jeunesse, tes grâces, tes attraits et ton esprit donnaient du poids à tes discours ; mais tu t'apercevais aisément, le lendemain, que la solitude de la nuit détruisait tous les soins que tu avais pris pendant le jour. Tu parvins enfin à partager mes ennuis et mon lit. Que je fus surprise des trésors que ta guimpe et tes habits recelaient ! Cet instant ranima d'un sentiment vif le souvenir de mes peines ; tu vis couler mes pleurs, tu en fus étonnée ; tu voulus en connaître la cause et découvrir un secret que tu as si bien su m'enlever depuis.

Je ne tenais à rien ; j'étais dans une inertie totale ; à peine aurais-je su que j'existais, sans le sentiment de ma douleur. Je concevais le besoin d'une amie ; mais je n'espérais plus en trouver une telle que je la désirais, ce fut dans cet instant que je sentis plus vivement combien Lucette me manquait ; je ne comptais pas pouvoir la remplacer ; bien moins me flattais-je d'en trouver une semblable sous le masque qui te couvre. Ton caractère, ton humeur, ton âme vinrent sans déguisement se montrer à moi et se joindre à ta figure charmante ; j'en fis quelque temps mon étude, et mes observations furent toutes en ta faveur ; enfin ton amitié et ta confiance établirent les miennes. Tes confidences furent payées par celles que je te fis alors, et je trouvai dans tes bras l'adoucissement que tu cherchais à me procurer. Avec quelle satisfaction je me rappelle encore cette nuit où tu me dis :

« Aimable Laurette, chère amie, j'ai lieu d'être persuadée que tes chagrins sont cuisants ; mais si je puis, en te faisant part des miens, émousser le sentiment de ceux qui t'accablent, j'aurai du moins le contentement que me donnera la diminution de ta douleur. »

Tu jugeais avec raison qu'observant une réserve exacte sur le secret de mon cœur, je pouvais aussi garder le tien ; tu ne te trompais pas, il me semble encore t'entendre me dire :

« Écoute, ma chère, j'aime, oui, j'aime aussi tendrement qu'on puisse aimer, et j'ai le malheur cruel d'être couverte des livrées religieuses. Des béguines emmiellées et trompeuses ont entouré de murs et de grilles ma jeunesse sans expérience, et l'ont attirée dans leur cachot infernal. Mon ignorance, des vœux, des préjugés, sont mes tourments ; les désirs, mes bourreaux, et j'en suis la victime. La nuit, le sommeil est loin de mes yeux, et mes larmes s'en emparent ; le jour, tout me déplaît et m'ennuie ; mon âme est absorbée : juge de mon état ? Libre comme tu es, tu peux au moins sans crainte livrer à l'amant que tu chéris les appas que j'ai vus et que je touche. »

Ta main que tu mis sur mon sein me fit frissonner :

« Ah ! chère Eugénie, te dis-je avec transport, voilà le jour de mon désespoir ! je l'ai perdu cet amant que j'adorais, et la mort me l'a ravi. Dieux ! que n'est-il ici ! mais c'est lui, oui, c'est lui que je tiens ! »

Je te serrais dans mes bras ; tu me faisais illusion. Hélas ! le détail de tes charmes que je parcourus me rendit à moi-même ; ce qui te manquait détruisit le prestige de mon imagination et le fantôme qu'elle se créait ; cependant tes attraits amenèrent sur ma langue tous les éloges que tu méritais si bien. Ton sein, ta taille, tes fesses, tes cuisses, ta motte et ta peau, tout en fut un sujet pour moi.

« Quel plaisir ! m'écriai-je, pour ton amant et pour toi, s'il te tenait dans ses bras comme je te serre dans les miens ! »

Tu désirais t'instruire, tu voulais savoir, tu balançais, tu cherchais à m'interroger, et tu n'osais. Je te voyais venir ; tu pris enfin la résolution de me demander si j'avais connaissance de ces plaisirs, et s'ils étaient si grands. Je te l'avouais, je t'en fis une peinture qui t'enchanta, sans pouvoir les concevoir.

« Il faut les éprouver, te dis-je. Quoi donc ! à dix-sept ans passés ne pas les connaître ? Si tu veux, ma chère, je t'en ferai goûter au moins ce qu'ils ont de plus vif. »

Ta curiosité, tes désirs, que mes caresses faisaient naître et qui firent couler le feu de la volupté dans toutes les parties de ton corps, t'y firent consentir. L'envie de te consoler à mon tour, et de dissiper les ténèbres de ton ignorance, suspendit mes peines. Tu te prêtas à mes leçons ; j'écartai tes cuisses, je caressai les lèvres de ton petit conin, dont les roses étaient à peine épanouies ; je n'osai y enfoncer le doigt ; tu n'étais pas encore assez endoctrinée pour que tu eusses regardé la première douleur comme propre à produire une augmentation de plaisir. Bientôt je gagnai le trône de la volupté et ton charmant clitoris, que je caressai, te jeta dans une extase dont tu pouvais à peine revenir.

« Ah ! Dieux ! me dis-tu, ma chère Laurette, quelles suprêmes délices ! »

Tu me pris à ton tour pour ton amant ; j'étais couverte de tes baisers ; tes mains s'égarèrent sur tout mon corps ; tu voulus me rendre le service que tu venais de recevoir de moi, mais mon cœur, encore trop serré, ne s'y prêtait pas, et je retins ta main. Je te repris bientôt dans mes bras, et renouvelant mes caresses, je t'en appris davantage sur le premier instant de jouissance. Tu étais animée.

« Eh bien ! me dis-tu, avec cette charmante vivacité qui te va si joliment, fais de moi ce que tu voudras. »

Je repris ton petit conin, j'y enfonçai le doigt d'une main, tandis que je te branlais de l'autre. La douleur mêlée au plaisir te le fit trouver encore plus délicieux ; c'est moi, chère et tendre amie, oui, c'est moi l'heureuse mortelle, qui ai cueilli ton pucelage, cette fleur si rare et si recherchée !

Plus libre avec toi qui venais de connaître et de sentir les attraits de la volupté, je ne craignis plus de t'ouvrir mon cœur en entier, de t'en faire parcourir toutes les routes, et de te raconter en raccourci ce que je retrace ici dans toutes ses circonstances. Si le plaisir et ma main ont su te dégager des entraves de l'ignorance et des préjugés qu'elle enfante, combien n'ai-je pas eu de peine à te vaincre sur tous les autres ! La crainte de la grossesse ne te faisait plus trembler : je t'en avais guérie par mon récit et ma propre expérience. Ton amant me devait déjà tes premiers pas à son bonheur et à ta jouissance.

« Hélas ! me disais-tu, la plupart des dogmes dont on a bercé mon enfance jusqu'à présent, les vœux qu'on m'a dictés, cette guimpe, ces grilles qui nous entourent, tout s'y oppose ! »

Mais ton amour, mes avis et mon assistance ont affaibli ces préjugés et vaincu tous les obstacles. Tu me dois donc, chère Eugénie, la tranquillité d'esprit et la société dont tu jouis. De toute façon, ton amant me doit sa victoire ; de toute manière, mon amitié vous a servis tous deux ; mais avant, j'ai voulu connaître ce Valsay si cher à ton cœur, étudier sa façon de penser, juger s'il méritait ton amour, ta confiance et tes faveurs. Ces soins, tu le sais, n'ont pas été l'affaire d'un jour.

Les femmes dont le jugement a été cultivé ont le tact fin, délicat et sûr pour pénétrer dans le cœur des hommes, malgré leurs détours, leur duplicité et les voiles dont ils cherchent à se couvrir ; mais je fus contente de Valsay, je trouvai suffisamment en lui pour me faire présumer que je ne risquais plus rien à prendre tout sur moi, pour satisfaire tes désirs, aider ton peu d'expérience et bannir tes frayeurs. Heureusement je servais dans ton couvent de prétexte à son amour, tandis que je travaillais pour vous deux, car ta faiblesse et ta timidité n'auraient jamais été vaincues sans mon secours.

Retrace-toi ce jour où, après un temps assez long, ton amant te pressait, avec les instances les plus vives, de le rendre heureux ; je le secondais de tout mon pouvoir ; tu t'en défendais, et tu le désirais. Tu lui opposais des raisons qui te paraissaient bien fortes ; tu lui présentais des obstacles insurmontables à tes yeux ; tu me faisais compassion. J'avais pitié de lui, je ne vous le cachais pas ; je voyais l'ardeur de vos désirs portée à son comble. L'instant me parut favorable, je m'enivrai de l'idée de contribuer à ta félicité.

« Eh bien ! te dis-je, je vais tout surmonter. Valsay, tu serais un ingrat, un homme indigne de ton bonheur, si ma conduite, pour te le procurer, influait dans ton esprit à mon désavantage. »

Je fermai les portes du parloir de notre côté, malgré tes oppositions apparentes ; ton amant en fit autant du sien. Je te pris dans mes bras, je t'approchai de la grille, je soulevai ta guimpe ; il prit tes tétons, il baisait tes lèvres, il suçait ta langue, que tu lui donnas à la fin ; mais la soif dévorante du désir lui fit porter sa main sous tes jupes, pour saisir ta motte et s'en emparer. Je te pressai contre lui, je te baisai aussi ; tu ne pouvais m'échapper, ni retirer tes bras des miens ; il eut enfin l'adresse et la satisfaction de les lever, et de saisir cet aimable petit conin, où tous les attraits de la jeunesse et de la fraîcheur sont répandus. Ses caresses t'embrasèrent du feu de la volupté ; il en était dévoré ; il maudissait cette impitoyable grille qui nous séparait et s'opposait à sa jouissance. J'étais émue, hors de moi-même !

« Quoi ! dis-je à ton amant, vous avez en vous si peu de ressources ? Ah ! Valsay, quand on aime bien, tout devient facile.

« J'aime donc ma chère Eugénie plus tendrement que vous ; je veux lui prouver que ce sentiment me rend tout possible et que rien ne peut m'arrêter pour la satisfaire, en vous obligeant tous deux ; car, si elle est abandonnée à elle-même, vous êtes perdu. »

Tu te rendis enfin ; je te fis monter sur l'appui de la grille, tes mains posées sur mes épaules ; je te soutenais. Valsay releva ces habits noirs qui faisaient briller l'éclat et la blancheur de tes fesses charmantes ; il les maniait, les baisait, leur rendait l'honneur qui leur était dû. Ton petit conin, encadré dans un des carreaux de la grille, était un tableau vivant qui l'enchantait. Il lui donna cent baisers, mais pressé de couronner son bonheur, il te le mit, tandis que passant moi-même la main entre tes cuisses, je te branlais.

Le plaisir que nous appelions, que nous caressions, vint s'emparer de toi ; tu prenais mes tétons, tu me baisais, tu me mangeais, tu déchargeais ! Valsay, prêt à en faire autant, eut la prudence de se retirer ; sa volupté vint expirer entre mes doigts, et se répandre sur ma main, comme la lave d'un volcan.

Je vous abandonnai pour lors tous deux à vous-mêmes ; tu vis, tu pris en main, tu caressas ce bijou dont tant de fois je t'avais fait la peinture, mais manquant des facilités que je te procurais, tu ne pus recommencer d'en faire usage. Tu m'en fis à ton retour, des plaintes amères ; tu n'osais me demander de servir encore ta maladresse ; j'apercevais à quel point tu le désirais ; tu me pressais, tu me conjurais de ne plus te quitter.

Tu voulus, cruelle amie, que je fusse témoin de tes plaisirs et de ta félicité, pendant que la mienne était perdue pour toujours. Il fallut que ma complaisance et mon amitié pour toi me sollicitassent encore de t'offrir de nouveaux secours ; mes offres t'enchantèrent ; tu m'accablas de caresses et de baisers : je te fis penser en cet instant, à te munir de l'éponge salutaire, et tu m'entraînas pour être présente à vos transports et au bonheur dont vous jouissiez. Toi-même me fis voir le dieu que portait Valsay, ce dieu que tu chérissais, avec lequel tu badinais, et dont il m'avait, dès la première fois, fait sentir la présence ; tu ajoutais de jour en jour à tes folies ; tu lui découvrais mes tétons et tout ce que j'avais de plus caché ; je me prêtais à ton badinage ; tu les lui faisais toucher.

Dans quel état et dans quelle émotion me mettiez-vous tous les deux ! Je te le disais à l'oreille, et la pitié perfide te faisait révéler mon secret. Tu voulais me faire jouir de ton amant ; tu lui souhaitais mes faveurs ; tu me pressais de les lui accorder ; tu voulais enfin me porter à la place que tu avais occupée ; ton aveu, tes empressements et ses désirs, dont tu mettais entre mes mains les témoignages sensibles, l'engageaient à m'en solliciter : je résistai toujours ; tes prières, tes sollicitations, le feu même qui roulait dans mes veines, ne purent m'y déterminer.

Non, ma chère Eugénie, non, en vain espères-tu de lui faire remporter la victoire, je n'y consentirai jamais ; à tort me fais-tu des reproches, ce n'est ni par haine, ni même par indifférence : Valsay détruit l'une et n'est point fait pour inspirer l'autre ; mais ton amitié seule me suffit.

Après la perte que j'ai faite, je renonce pour toujours à toute liaison intime avec les hommes, et je serai ferme dans cette résolution. Tu dois en être persuadée, puisque malgré vos plaisirs, les caresses que vous vous faisiez, celles que j'ai reçues, la vue et le toucher de ce que vous avez de plus intéressant, et vos transports, qui animaient mes sens et les mettaient en désordre, je ne me suis pas laissé vaincre. J'étais contente et satisfaite lorsque la nuit, dans tes bras, tu apaisais les feux que tu avais allumés le jour.

Un destin jaloux de la tranquillité que j'avais retrouvée est venu l'interrompre : le mariage de ma cousine, la nécessité de mes affaires ont précipité mon départ, et nous ont séparées pour quelque temps. Tu as exigé de mon amitié, tu lui as commandé que pendant mon éloignement je t'entretinsse encore et te fisse un détail exact de ce que je t'avais dit en plus grande partie, et que tu écoutais avec tant de plaisir et d'avidité. J'ai rempli ma promesse : quel sacrifice je fais à la prudence !

Tu connais ton pouvoir sur moi ; tu sais combien je te chéris ; tu réunis aujourd'hui tous les sentiments de mon cœur ; partagés autrefois dans le monde et la société, tu les rassembles tous ; reçois-en pour assurance mille baisers que je t'envoie ; ils te diront combien je soupire après le doux instant de te les donner moi-même, enveloppée de tes bras et toi serrée dans les miens. Ah ! ma chère, pourquoi cet instant n'est-il pas encore arrivé ! Je me flatte au moins qu'il sera très prochain.

Je t'apporterai un bijou semblable à celui de Valsay, mais moins dangereux ; s'il n'est aussi naturel, ses avantages n'en sont pas moins grands, puisqu'il remplira, sans les risques des alentours, le vide qui se fait sentir dans nos plaisirs. Si tu te trouves bien de son usage, notre tendre amitié nous tiendra lieu de tout, et puisque Valsay se trouve dans l'obligation de s'éloigner de toi pour un temps, crois-moi, chère amie, renonce à ces liaisons étrangères qui pourraient à la fin devenir fatales, étant hors de nous. J'irai bientôt à mon tour essuyer tes pleurs. Oui, tendre amie, oublions l'univers, pour ne nous en tenir qu'à nous-mêmes. Attends-moi donc au plus tôt.

FIN

Cet ouvrage a été imprimé
sur presse Cameron
par ***Bussière Camedan Imprimeries***
à Saint-Amand-Montrond (Cher)
en mai 1999

– N° d'impression : 992214/1. –
Dépôt légal : mai 1999.

Imprimé en France